i-BOSAIブックレット
No. 4

# 誰一人取り残さない防災のために、福祉関係者が取り組むべきこと【解説編】

立木茂雄 監修
*Tatsuki Shigeo*

西野佳名子 著
*Nishino Kanako*



●目　次

# まえがき

近年、毎年のように大きな災害に見舞われる日本ですが、皆さんは避難準備をされているでしょうか？国や自治体はハザードマップの精度を上げ、避難所グッズも新製品がどんどん開発されていますが、災害大国日本の防災はハードに偏っていると思います。

避難行動要支援者が発災時のみならず避難後にも犠牲になる例が後を絶たないことから、二〇二一年五月に災害対策基本法が再び改正され、自治体に避難行動要支援者の個別避難計画作成の努力義務が課せられました。

地域で在宅生活をしている高齢者・障がい者は増えていますが、ここで言う避難行動要支援者とは、妊産婦や幼少の子ども、日本語が不自由な外国人など、災害時に一人で逃げにくい人と広く捉えています。この避難行動要支援者に平常時から避難準備をしてもらって、近所の人たちと一緒に適切な避難ができるようにするにはどうすればいいか。これをまとめて書いておくことが、個別避難計画を作るということです。

もちろん一人で逃げられる人も、適切に避難するために「どのような状況になったら、どこに、何を持って逃げるか」を平常時から考えておかなければなりませんが、要支援者に至っては一緒に逃げる人を頼るわけですから、自分で考えているだけではなく、避難支援してくれる人に事前に自分の考えを知ってもらう必要があります。

本書では、避難行動要支援者の中でもハイリスク層の高齢者や障がい者について、平常時の生活課題をよく知る福祉関係者が協力して個別避難計画を作成する手順をお伝えします。

〈i-BOSAIブックレット〉第一号では、防災についての基礎知識を身につけていただきました。第二号では、要支援者が避難の自覚を獲得して自分でできる避難準備を始めてもらえるように、福祉関係者がどう関わったらよいかを学んでいただきました。第三号では、物語を通して「一つの事例が地域を変える」様子を感じていただきました。そして第四号の本書では、要支援者を地域で支えるネットワーク作りに福祉関係者が果たすべき役割を理解していただけるでしょう。

適切な避難のためには、ハード面もソフト面も進化が必要です。近所の人と一緒に逃げるための個別避難計画作成は、みんなの知恵を集めて話し合うコミュニケーションから始まります。助かるはずの命を確実に助ける「誰一人取り残さない防災」に福祉関係者も一緒に取り組み、身近にいる避難行動要支援者の命を守りましょう。

二〇二二年六月

西野佳名子

# 1 避難行動要支援者の避難行動支援に関する制度の概要

## 1　はじめに

兵庫県の「個別避難計画作成促進事業」は、防災と福祉の連携を基盤に展開されている事業です。本事業は兵庫県と研究機関「人と防災未来センター」、福祉専門職団体「兵庫県社会福祉士会」の三者で構成される実行委員会によって、企画・運営されています。

兵庫県社会福祉士会は、兵庫県から「防災と福祉の連携による個別避難計画作成促進事業実行委員会」事務局の委託を受け、本事業の推進に関わって五年目になります。

本章では、避難行動要支援者の個別避難計画作成に関する事業概要について「防災と福祉の連携による個別避難計画作成促進事業実行委員会」の立場で説明します。

## 2　避難行動要支援者支援制度について

### 本制度の概要

はじめに「避難行動要支援者支援制度」の概要についてご説明します。

災害発生時には、市や防災機関等が様々な支援を行います。しかしながら、地震等の大規模災害時には公的機関による活動にも限界があります。そこで、本制度は地域での「共助」によって、災害発生時に自ら避難することが困難な方々（避難行動要支援者）に支援の輪を広げて多くの命を救うことを目的としています。二〇二一（令和三）年の災害対策基本法の改正を受けて、とりわけハイリスク層（真に支援が必要な方）については、この共助の取り組みの推進に行政がこれまで以上に主体的に取り組み、さらに福祉専門職の方々も個別避難計画の作成に業務として関わって頂く事が新たに盛り込まれました。

具体的には、支援を必要とする方の情報をあらかじめ把握したり、隣近所や避難支援組織が平時から災害時に備えることで、発災の直後から、安否確認や避難支援を円滑かつ迅速に行えるようにするものです。

### 避難行動要支援者の対象となる人

まず、「避難行動要支援者」とはどのような人かを理解してください。多くの自治体でＨＰ上に公開しています。避難行動要支援者とは、高齢者や障がい者等災害時に自ら避難することが困難で、避難行動に支援を必要とする人のことです。多くの自治体で避難行動要支援者の要件を定めています。以下はその一例です。

(1)　六五歳以上の独居高齢者並びに七五歳以上のみ居住世帯
(2)　身体障害者手帳所持者で、肢体不自由の上肢機能障害二級以上、下肢機能障害、体幹機能障害または平衡機能障害の全等級、視覚障害二級以上、聴覚障害三級以上の者
(3)　身体障害者手帳所持者で内部障害一級の者
(4)　知的障害者手帳所持者でその障害の程度がA判定の者
(5)　精神障害者福祉手帳所持者で二級以上の者
(6)　生活の基盤が自宅にあって、介護保険制度において要介護3～5の認定を受けている者
(7)　上記に掲げるもののほか、特に災害時の避難支援等が必要であると首長が認めた者
長期の入院または施設に入所している方は避難支援の対象となりません。また、避難支援等関係者の判断により、避難行動要支援者名簿への掲載を求めることができるとしている自治体が多いです。

## 3　避難行動要支援者名簿について

### 名簿の概要

次に、「避難行動要支援者名簿」についてご説明します。

二〇一三（平成二五）年の災害対策基本法の改正により、災害時に自ら避難することが困難な方を「避難行動要支援者」とし、対象となる方の情報を集約した名簿の作成が義務づけられました。名簿情報を避難支援者等関係者に平時から提供することで、災害発生時の円滑で迅速な避難支援等に備え、避難行動要支援者を

地域や関係機関で支える体制づくりを目指しています。現在、全国の自治体のほとんどでこの名簿が整備されています。

しかし、実際には、名簿情報を避難支援等関係者と共有して、具体的な避難支援計画を事前に作成した自治体が少なく、避難行動要支援者の被災が続きました。そのため、二〇二一（令和三）年の災害対策基本法改正では、具体的な「個別避難計画」を作成して、事前に避難支援等関係者で情報や計画を共有することが重要であるとされました。

## 避難行動要支援者の情報とは

二〇二一（令和三）年の法改正で名簿に掲載する避難行動要支援者の情報は

1 氏　名
2 年　齢
3 性　別
4 住　所
5 電話番号
6 避難支援を必要とする事由（例：要介護5など）
7 個別避難計画

となりました。

なお、避難支援等関係者に名簿情報を提供する際には、避難行動要支援者本人（または保護者）の同意が必要です。

福祉専門職は当事者の生活に関わる情報を有しています。疾病や障がいに関する情報を持っているので、「6　避難支援を必要とする事由」までは分かりますが、「7　個別避難計画」についての情報は持っていません。

本書では、「地域力アセスメントの目的と手法」という単元（第2、3章）で、個別避難計画作成演習を行います。演習では、福祉専門職等が個別避難計画作成にどのように関わっていくかを学びます。

また、二〇二一（令和三）年の法改正を受けて、「避難行動要支援者の避難行動支援に関する取組指針」も改訂されました。この取組指針の内容も演習を通じて理解していただきます。次のURLより参照可能なので適宜ご確認ください。＊掲載URL（内閣府　防災情報のページhttp://www.bousai.go.jp/taisaku/hisaisya-gyousei/youengosya/r3/index.html）

## 4　「避難支援等関係者」について

さて、ここまでの説明の中に「避難支援等関係者」という言葉が何度か登場しました。前述の災害対策基本法や取組指針では、避難支援等関係者として下記の役職や組織が挙げられています。

1　消防機関（消防団含む）
2　警察機関
3　民生委員・児童委員

4　市区町村の社会福祉協議会
5　自治会（自主防災組織）〈該当の地域のみ〉
以上の避難支援等関係者には、「避難行動要支援者名簿」の情報を平常時より提供します。

なお、災害対策基本法に基づき、名簿情報に関しては避難支援等関係者に守秘義務が課せられることをよく覚えておいてください。

## 5　個別避難計画の書式について

新しい取組指針に示されている「個別避難計画」の書式についてご説明します。災害対策基本法では、「個別避難計画」に
1　避難支援等実施者の氏名・住所・電話番号
2　避難場所と避難経路
3　避難行動要支援者の情報
を記載することになっています。

1の「避難支援等実施者」とは、避難支援等関係者のうち、個別避難計画の対象となる避難行動要支援者についての避難支援等を実施する人のことです。避難行動要支援者と一緒に逃げる人のことですね。自主防災組織の役員や民生委員・児童委員には避難所開設や住民の安否確認等の役割がありますから、自主防災組織の役員や民生委員・児童委員が「避難支援等実施者」になるのは実際的ではないでしょう。

## 『防災対応力向上シート』～マイ・タイムライン～

気象庁HP
あなたの街の
防災情報

| 目安の時間と<br>警戒レベル | 私の行動<br>（記入日：　　年　月　日） | 地域（支援者）の行動<br>（記入日：　　年　月　日） |
|---|---|---|
| 3日前<br>警戒レベル 1 | ＊「早期注意情報（警報級の可能性）」<br>→「天気予報（翌日まで）」や「週間天気予報（2日先～5日先まで）」に合わせて発表される<br>□気象情報の確認を始める<br>□家の周りの点検と片付け<br>□避難先・避難経路の確認<br>□水・食料・ガソリン・服用薬の準備<br>□避難先（親戚、知人宅）に連絡<br>□ | □要支援者に気象情報を声かけ<br>【誰が：　　　　】<br>□地区内の役割分担・連絡体制の確認<br>□避難経路の状況確認<br>□避難所の防災用品・備蓄品の確認<br>□要支援者と支援者の予定を確認 |
| 2日前・1日前・半日前<br>警戒レベル 2 | ＊「大雨注意報」「洪水注意報」「高潮注意報の一部」<br>＊「氾濫注意情報」「気象庁HPキキクル（危険度分布）で『注意』（黄色）」<br>□気象情報の確認<br>□避難経路をハザードマップ等で確認<br>□非常用持ち出し袋の準備<br>□地域の支援者への連絡<br>□<br>□<br>□ | □要支援者の所在確認<br>【誰が：　　　　】<br>□避難所の開設確認<br>【誰が：　　　　】<br>□要支援者に避難準備呼びかけ<br>【誰が：　　　　】<br>□避難支援者情報（氏名、住所、電話番号など） |
| 7時間前<br>警戒レベル 3 | **高齢者等は避難開始**<br>□ガスの元栓を閉める<br>□ブレーカーを落とす<br>□戸締まりをする<br>□<br>□個別避難計画に沿って避難開始 | 避難しよう！<br>□要支援者に避難呼びかけ<br>【誰が：　　　　】<br>□要支援者の避難誘導開始<br>【誰が：　　　　】 |
| 3時間前<br>警戒レベル 4 | **全員避難！** | |
| | ～～～～～～ 警戒レベル4までに必ず避難 ～～～～～～ | |
| 0時間<br>警戒レベル 5 | **命の危険　直ちに安全確保！** | |

| ■自由記述欄（避難誘導時の注意点など） | 上記の内容について確認しました。<br>年　月　日<br>氏　名：<br>代理署名：　　　　（続柄　　） |
|---|---|

※ここに示した警戒レベルなどのタイミングはあくまでも目安であり、実際の災害時とは異なります。
※必要に応じて「避難経路地図」を添付しましょう。

図1②　防災対応力向上シートの「マイ・タイムライン」

# 『防災対応力向上シート』 ～基本情報～

災害発生時に地域の支援者と安全に避難できるよう、
「私に必要なこと」を理解してもらうため、私に関する
情報を関係機関・者と共有することに同意します。

作成者：

続　柄：

連絡先：

同意日：　　年　　月　　日

| | | | |
|---|---|---|---|
| ふりがな | | 男・女 | 生年月日 |
| 氏名<br>（自署） | | | 大正・昭和・平成・令和・西暦<br>年　月　日（　歳） |
| 心身状況 | □要介護・要支援（　） □障害者手帳（　） □その他（　） | | |
| 住所 | | | |
| 連絡先 | 電話： | メール等： | |

| | | | |
|---|---|---|---|
| 緊急連絡先 | | | |
| ① | （続柄：　） | 電話： | 居住地： |
| ② | （続柄：　） | 電話： | 居住地： |

◎住まいの災害リスクをハザードマップで確認しましょう

**住まい**

| | | |
|---|---|---|
| 木造・鉄骨・鉄筋 | 建て | 階居住 |
| 建築時期　年　月頃 | 耐震構造 | 有・無 |

**ハザード情報**

| | | |
|---|---|---|
| □洪水 | 浸水区域内（深さ　m） | ・区域外 |
| □土砂災害 | 警戒区域内 | ・区域外 |
| □津波 | 警戒区域内（高さ　m） | ・区域外 |

**同居人**

有（　名）・無

（関係：　→避難時に頼れますか？　可・否）

**間取り**　※寝室・普段いる部屋、出口への通路等

**避難準備にかかる時間は？**

家族等への連絡　分 ＋ 持ち出し品の準備　分 ＋ 家の戸締まり　分 ＝ ❶計　分

| **避難先は？**（避難所または親族・知人宅等） | 距離 | 手段 | ❷移動時間 | ❶＋❷＝避難に必要な時間 |
|---|---|---|---|---|
| □避難先１ | | | 分 | 分 |
| □避難先２ | | | 分 | 分 |
| □自宅の浸水しない場所（２階以上等）　移動の手助け→要・不要 | | | | |

**ペットはいますか？**　□はい　□いいえ

種類：　名前：

□一緒に避難する

□知人等に預ける（　日前に　へ）

**緊急時の情報伝達・特記事項**

**その他留意事項**

現病・既往歴

医療機関(かかりつけ医)

服薬内容

医療処置・医療的ケア等



図１①　防災対応力向上シートの「基本情報」

なお、上記の三つの要件を満たせば、県の推奨する書式や市町村独自の書式を用いることもできますし、マイ・タイムラインに記入した情報も個別避難計画として読み替え可能となっています。

ただし、いずれの書式においても、本人同意署名は必要です。国や都道府県で推奨される書式以外に、各自治体で多様な個別避難計画書式が存在します。ご自身が活動されているエリアの個別避難計画書式を早めに確認しましょう。

**【確認クイズ】**

それでは、ここで避難行動支援に関するクイズです。

**Q１**：避難行動要支援者の要件は次のうちどれが正解でしょうか？

①　法律により決まっているので全国一律である。

②　都道府県ごとに決められている。

③　市区町村ごとに決めることができる。

**A１**：避難行動要支援者の要件は③番の「市区町村ごとに決めることができる。」でした。

- 「七五歳以上の独居高齢者ならびに七五歳以上の高齢者のみ世帯」
- 「生活の基盤が自宅にあって、介護保険制度において要介護３～５の認定を受けている者」
- 「身体障害者手帳所持者」

●「知的障害者手帳所持者」
●「精神障害者福祉手帳所持者」

などの多様な要件を市区町村ごとに整理し決めています。

詳しい要件については、皆さんの自治体の「避難行動要支援者要件」をご確認ください。

また、皆さんの自治体では、避難行動要支援者の個別避難計画作成促進事業を、どの部署が担当していますか？　情報を探してみましょう。

Q2：避難支援等関係者の要件で正しいのは何番ですか？

①　民生委員・児童委員が含まれている。
②　該当地域の自治会（自主防災組織）関係者のみで構成される。
③　地元の消防団は含まれていない。

A2：避難支援等関係者には①番の「民生委員・児童委員が含まれている。」でした。

避難支援等関係者とは、

1　消防機関（消防団含む）
2　警察機関
3　民生委員・児童委員
4　市区町村の社会福祉協議会

5　自治会（自主防災組織）〈該当の地域のみ〉

です。

上記の避難支援等関係者すべてに避難行動要支援者名簿を提供します。避難支援等関係者には災害対策基本法に基づき守秘義務が課せられます。

なお、名簿に掲載される避難行動要支援者の情報は

1　氏　名

2　年　齢

3　性　別

4　住　所

5　電話番号

6　避難支援を必要とする事由（例：要介護5など）

7　個別避難計画

です。

**Q3**：個別避難計画の事項で決められていることはどれですか？

①　避難場所があれば避難経路は不要である。

②　避難支援等実施者の氏名・住所・電話番号は必須である。

③　避難行動要支援者の電話番号は不要である。

A3：個別避難計画の事項に②「避難支援等実施者の氏名・住所・電話番号は必須である。」でした。

二〇二一（令和三）年に改正された災害対策基本法で、個別避難計画には

1　避難支援等実施者の氏名・住所・電話番号

2　避難場所と避難経路

3　避難行動要支援者の情報（氏名・年齢・性別・住所・電話番号・避難支援を必要とする事由）

これらの事項を記載することと定められています。

なお、「避難支援等実施者」とは、避難支援等関係者のうち、要支援者と一緒に避難行動を取ってくれる近隣の住民のことです。

自主防災組織（自治会）関係者と近隣住民の理解と協力がなければ、個別避難計画作成は実現しません。

## 6　個別避難計画の作成について

### 避難行動要支援者の個別避難計画作成パターン

避難行動要支援者の実効的な避難を実現するために、災害対策基本法の運用について内閣府は「避難行動要支援者の避難行動支援に関する取扱指針」によって、具体的な例示をしています。兵庫県も新しい法律に基づき、「兵庫県災害時における要配慮者支援指針」を令和四年三月に改訂しました。これらに沿って各市町の行政職員と住民組織関係者が協力して、避難行動要支援者の個別避難計画作成に着手します（**「図2　避難行動要支援者支援に関わる人々の関係性」**参照）。

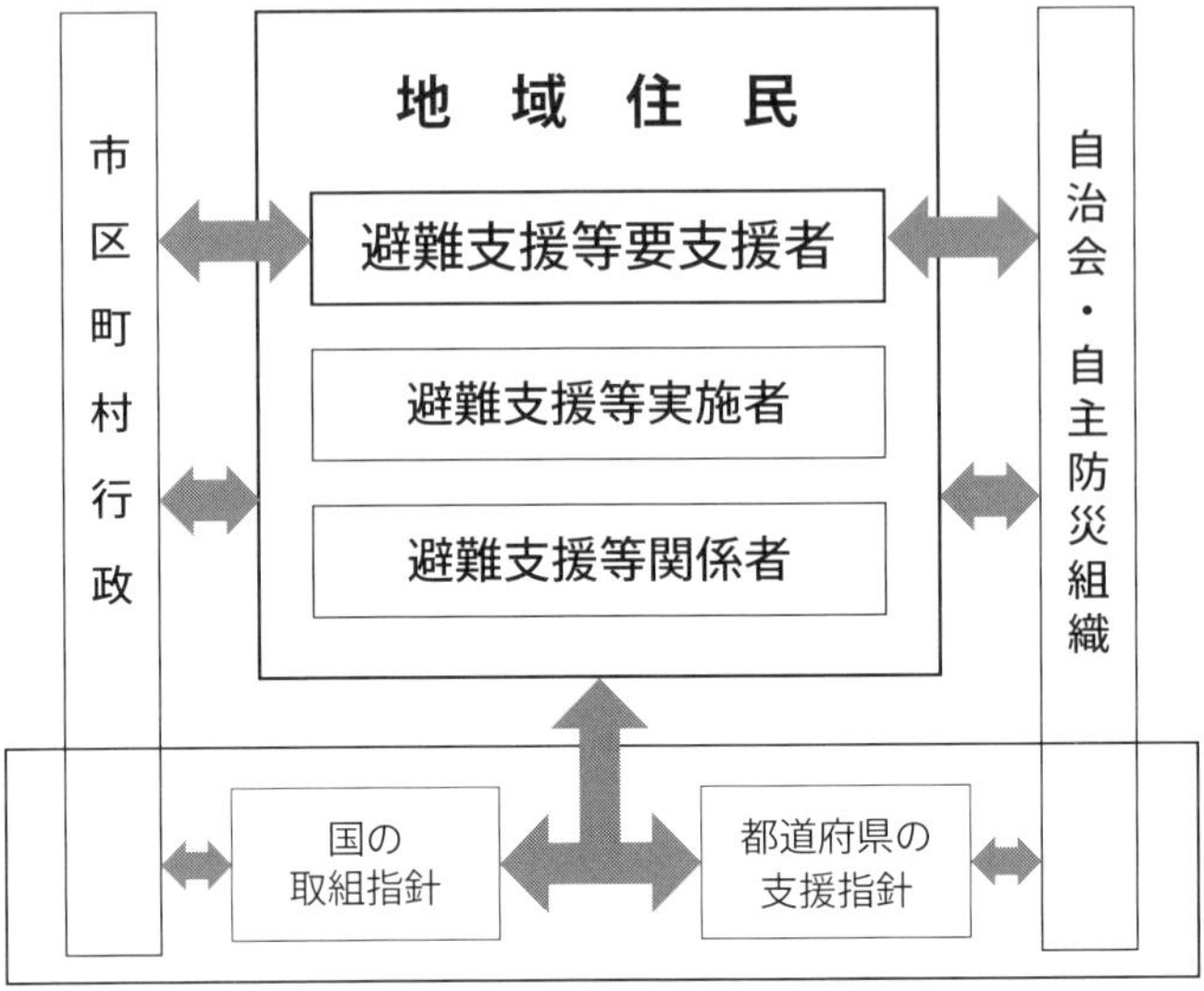


図２　避難行動要支援者支援に関わる人々の関係性

まず、行政と住民組織関係者が協力して、地域住民に「個別避難計画作成事業の概要」と、「名簿掲載の意義」を理解していただきます。個別避難計画作成の入り口は避難行動要支援者名簿への掲載だからです。

避難行動要支援者名簿に掲載する人の要件は、今までの住民支援施策の流れを汲み、自治体ごとに異なると思います。国は概ね五年以内に支援を必要とする方の個別避難計画を作成するように指示しており、今後計画作成率が問われることになるので避難行動要支援者名簿の精査は大変重要です。

なお、避難行動要支援者と言っても、避難行動に関する能力は様々です。要介護度や障害等級で一律に決めるだけでなく、住んでいる地域や住宅の危険度、家族や知人の有無などの社会とのつながりによっても避難行動の難しさは変わってきます。計画作成の優先度の考え方も、

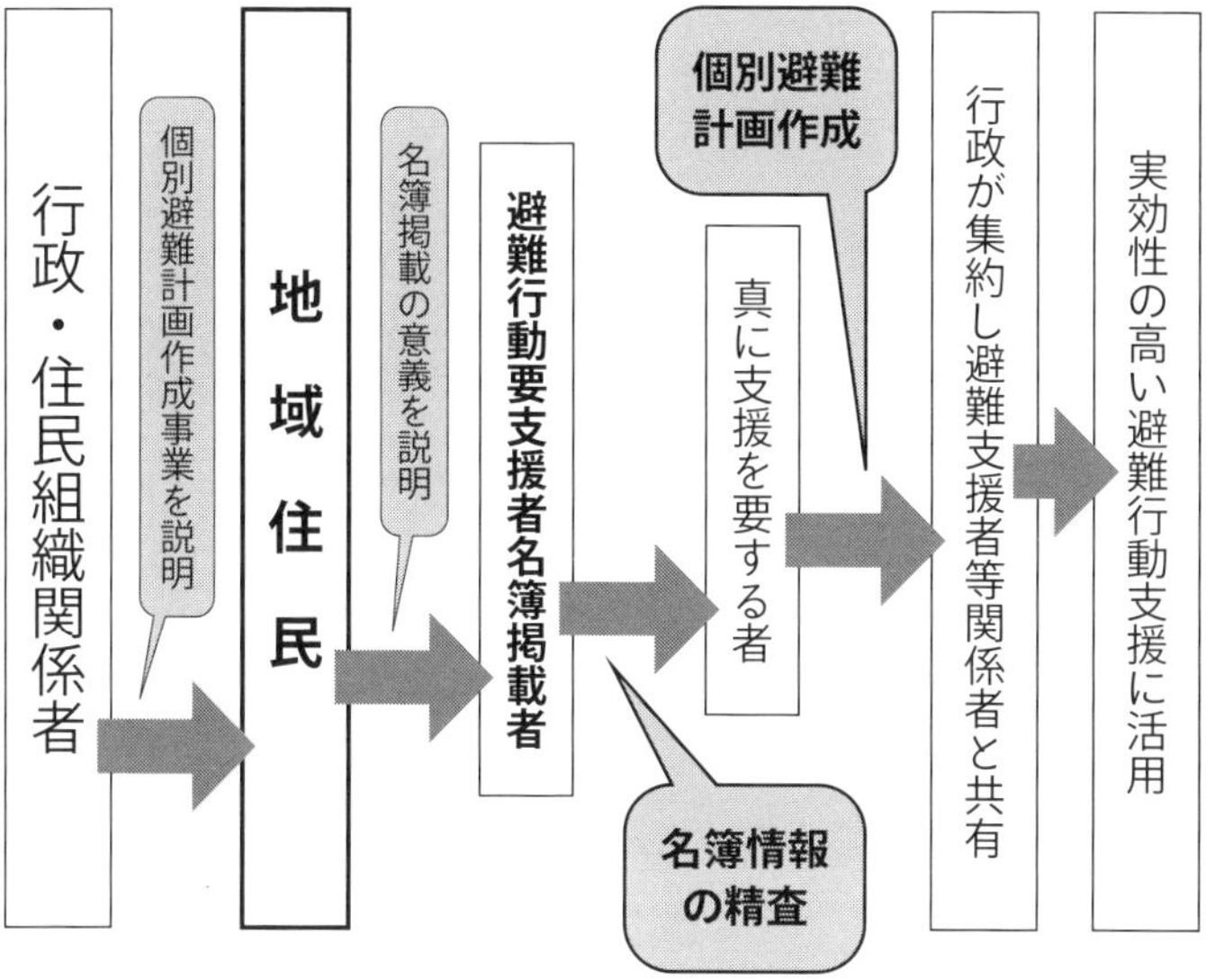


- 行政と住民組織は、真に支援を要する者が漏れなく名簿掲載されるように、地域住民に事業趣旨の説明を行う。
- 行政や民生委員等は、「名簿掲載の意義」を避難行動要支援者に説明する。
- 行政や住民組織は、「地域が協力して個別避難計画を作成する意義」を避難行動要支援者に説明する。

図３　避難行動要支援者の個別避難計画作成の全体像

自治体ごとに踏み込んだ検討が必要になります。

各市区町村の限られた体制の中で、できるだけ早期に避難行動要支援者に対して個別避難計画が作成されるよう、計画作成のパターンを整理しました。

独居高齢者、重度障がい者、医療的ケア利用児・者など、特別な配慮を要する方については、福祉専門職の協力を得て個別避難計画の作成を進めます。これが**図４**の「①市区町村支援（福祉専門職の協力も含め）で、本人・家族と地域が一緒になって作成」に当たります。それ以外の方については、家族や地域での自主的な計画作成ができるよ

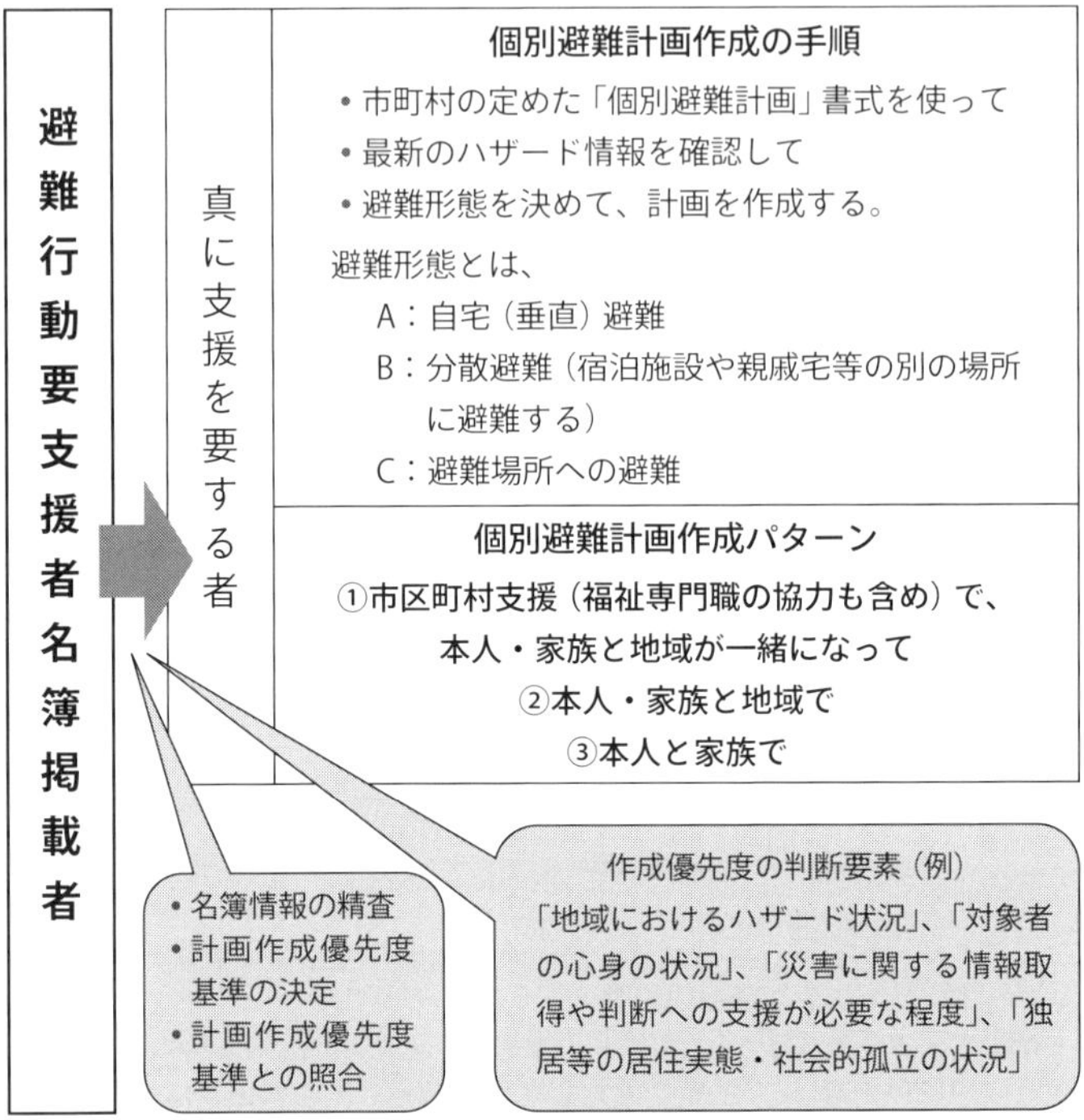
避難行動要支援者名簿掲載者
真に支援を要する者
個別避難計画作成の手順
・市町村の定めた「個別避難計画」書式を使って
・最新のハザード情報を確認して
・避難形態を決めて、計画を作成する。
避難形態とは、
A：自宅（垂直）避難
B：分散避難（宿泊施設や親戚宅等の別の場所に避難する）
C：避難場所への避難
個別避難計画作成パターン
①市区町村支援（福祉専門職の協力も含め）で、本人・家族と地域が一緒になって
②本人・家族と地域で
③本人と家族で
・名簿情報の精査
・計画作成優先度基準の決定
・計画作成優先度基準との照合
作成優先度の判断要素（例）
「地域におけるハザード状況」、「対象者の心身の状況」、「災害に関する情報取得や判断への支援が必要な程度」、「独居等の居住実態・社会的孤立の状況」

図４　個別避難計画作成パターン

うに支援します。

## 防災と福祉の連携による避難行動支援の仕組み（兵庫県）

福祉専門職はプロですので、ボランティアで事業に協力してもらうことができません。そこで兵庫県では、個別避難計画の作成報酬として作成一件につき七、〇〇〇円を支給するということにしました[*]。

七、〇〇〇円という金額は、個別避難計画の作成にかかる標準作業時間がケアプラン等の作成に要する時間のおよそ二分の一であることから算出したものです[**]。モデル事業展開を経て、二〇二〇（令和二）年度から兵庫県下で一般施策化しました。

兵庫県外でも、それぞれの自治体で個別避難計画作成報酬についてルールを持っていると思いますのでご確認ください。二〇二二（令和四）年度からの地方交付税により措置されます。

## 個別避難計画完成までの役割分担

個別避難計画は多様な関係者の役割分担で作成することになります。具体的にどのような役割分担で計画を作成していくのか、確認してみましょう。

### ①当事者力アセスメント

福祉専門職が業務上の面接等の際に当事者の災害時の生活課題をアセスメントします。当事者に避難の自覚を促すためには、数ヵ月かかることもあるでしょう。

家族への働きかけも含めて、災害への備えや「避難スイッチ」の重要性等を当事者本人に理解してもらいましょう。

### ②「地域力アセスメント」＝地域調整会議（ケース会議）

「地域力アセスメント」とは、自主防災組織や避難支援等関係者の支援力をアセスメントすることです。

---

＊　二〇二〇（令和二）年度から実施。

＊＊　サービス利用のためのケアプラン作成（介護報酬）：約一三、〇〇〇円。

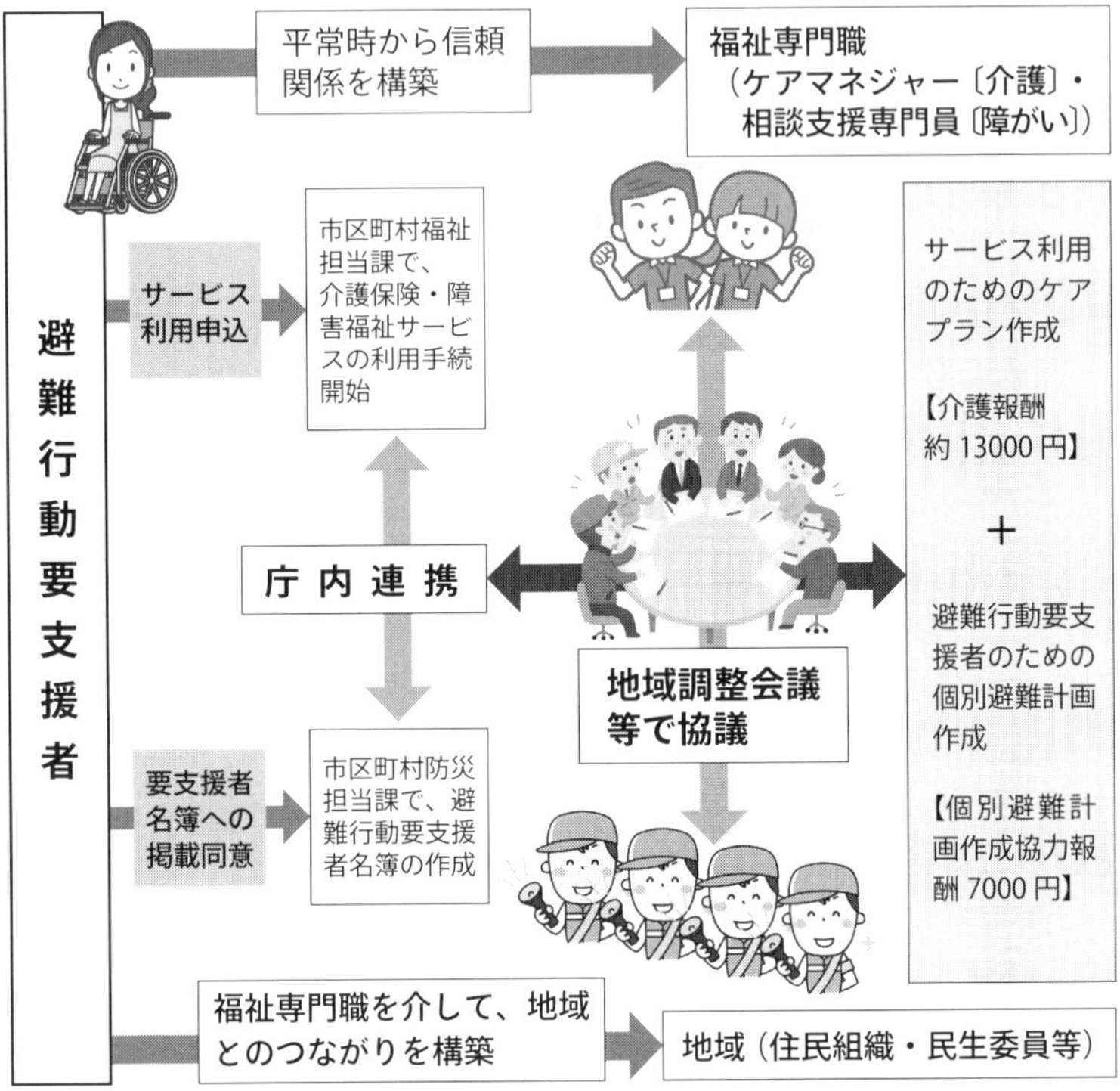


福祉専門職による平常時のケアプラン等作成に合わせて、自主防災組織等が福祉専門職の協力を得ながら個別避難計画を作成することで、平常時・災害時を連続的にとらえた実効性の高い包括的な支援が可能になる。

図5　福祉専門職の協力を得て進める個別避難計画作成のイメージ図（兵庫県の場合）

①当事者力アセスメント

福祉専門職が業務上の面談の際等に、当事者の災害時の生活課題をアセスメントします。防災のそなえの重要性や「避難スイッチ」等を当事者に理解してもらいましょう。

②「地域力アセスメント」＝地域調整会議（ケース会議）

事前の当事者力アセスメントをふまえ、ホワイトボード等も活用しながら支援ポイント等を協議します。当事者・家族・自主防災組織・民生委員・避難支援等実施者・福祉専門職・行政職員等が参加します。

③福祉専門職による「個別避難計画案」作成

福祉専門職が、フェイスシートやサービス等利用計画・居宅サービス計画書等の平常時の様式に災害時の支援項目等を記入し、個別避難計画の原案を作ります。

④自治体独自の「個別避難計画書式」を使って、避難訓練で検証

福祉専門職と自主防災組織等は協力して、自治体の個別避難計画書式に情報を落とし込んで、地域住民と共有し避難訓練で検証します。

⑤避難行動要支援者（当事者）が個別避難避難計画を確認して同意署名

避難訓練での気づきを修正した「個別避難計画書」に、当事者による同意署名（代理人署名可）をして完成です。

図6　福祉専門職の協力を得て進める個別避難計画完成までの役割分担

当事者のケース会議としての地域調整会議には、当事者・家族・自主防災組織・民生委員・避難支援等実施者・福祉専門職・行政職員等が参加し、ホワイトボード等も活用しながら災害時の当事者支援について意見交換し、なるべく具体的に支援方法を決めていきます。

なお、会議では、個別避難計画に記載すべき避難支援等実施者の氏名・住所・電話番号と避難場所と避難経路の確認を行います。

③福祉専門職による「個別避難計画案」作成

福祉専門職がフェイスシートやサービス等利用計画・居宅サービス計画書等の平常時のサービスプラン様式に災害時の支援項目等を記入し、避難計画の素案を作ります。

④自治体独自の個別避難計画書式を使って、避難訓練で検証

福祉専門職と自主防災組織が協力して、自治体の個別避難計画書式に情報を落とし込んで地域住民と共有します。個別避難計画書案に基づいて避難訓練で実際の避難行動を検証します。

⑤避難行動要支援者（当事者）が個別避難計画を確認して同意署名

避難訓練での気づきを加筆修正した個別避難計画書に避難行動要支援者（当事者）による同意署名（代理人署名可）を得て完成です。

## 個別避難計画作成のポイント

個別避難計画作成を進めるポイントは、

- 地域調整会議（ケース会議）で活発な意見交換をして、避難支援等実施者の具体的な支援行動をイメージすること
- 当事者・家族参加の避難訓練実施で個別避難計画案の検証をすること

の二つです。

そのためには、福祉専門職が当事者・家族と避難支援等実施者とを結びつけ、避難行動支援のための情報と意識の共有の要になる必要があります。

避難行動要支援者の中でも、「ハイリスク層」に関しては、疾病や障害レベルだけではなく、地域や自宅建物の危険度、地域社会との関わりの違いも避難行動の難しさを左右します。それゆえ、「災害とは何か?」「防災には何が必要か?」を学んで、当事者の平常時の生活が災害時にどのように変化するかを理解するところから始めましょう。

多様な避難支援等関係者に当事者固有の福祉ニーズを説明するのは福祉専門職です。福祉専門職が当事者のできること・できないことを地域住民に代弁できれば、地域住民の積極的な避難訓練実施につながります。

この単元では、避難行動要支援者の個別避難計画をどのような手順で作成していくかについてご説明しました。

福祉専門職は避難行動要支援者に「避難の自覚」を促し、自分でできる災害への備えを支援してください。その上で、避難支援等関係者の結びつきに積極的に関与していただきたいと思います。

## 2 地域力アセスメントの目的と手法
### ――個別避難計画作成演習

### 1 はじめに

**講義を始める前に**

本章では、具体的な事例を用いて、地域力アセスメントの目的と手法についてご説明していきます。

この事例では、架空のまち「兵庫県ほほえみ市」を舞台に、避難行動要支援者である夢前岩男さんが災害が来ても命を守る覚悟を獲得する様子を採り上げています。岩男さんのような要支援者を取り巻く最新情報をお伝えするとともに、災害時の生活課題に対する当事者力アセスメントから、地域調整会議を経て避難訓練に至る地域力アセスメントの一連の流れをご覧いただきましょう。

**ケアマネジャー演習事例について**

続いて、演習事例についてご説明したいと思います。ブックレット第三号『誰一人取り残さない防災のために、福祉関係者が取り組むべきこと【物語編】』シーン1～30をご参照ください。

災害を想定し、具体的な避難計画を作成して、避難行動要支援者に関わる人たちが協力して避難訓練をすることを無意味だと言う人はいません。しかし、関わる人たちが多ければ多いほど、この取り組みを進めることは難しくなるのです。

多様な立場や考えを持つこの事業の関係者が、いつ、何を考えて、どのように行動するのか。また、避難行動要支援者の普段の生活をよく知る福祉専門職は避難準備に関わるにあたってどのような役割を果たし、関係者とどのような連携をしていくのか。それらを理解してもらう一助になればと考え、ケアマネジャーの活躍にフォーカスした演習事例を書き下ろしました。

時系列に沿って、できるだけ分かりやすく、読みやすいように綴ったストーリーを、ぜひ通読してみてください。通読すると一時間程度かかりますが、皆さんの役割のポイントやヒントが、きっとつかめると思います。

## 演習事例の舞台設定・登場人物の人間関係

演習事例の舞台設定や登場人物の関係についてご説明します。

まず、次ページに掲載した**図1**は、要支援者である岩男さんが住む地域（兵庫県ほほえみ市おおわらい町）の見取り図です。

岩男さんの自宅は、土砂災害警戒区域に立地しており、自宅の前の川は過去に洪水が起こっています。裏山は土砂崩れの危険があります。

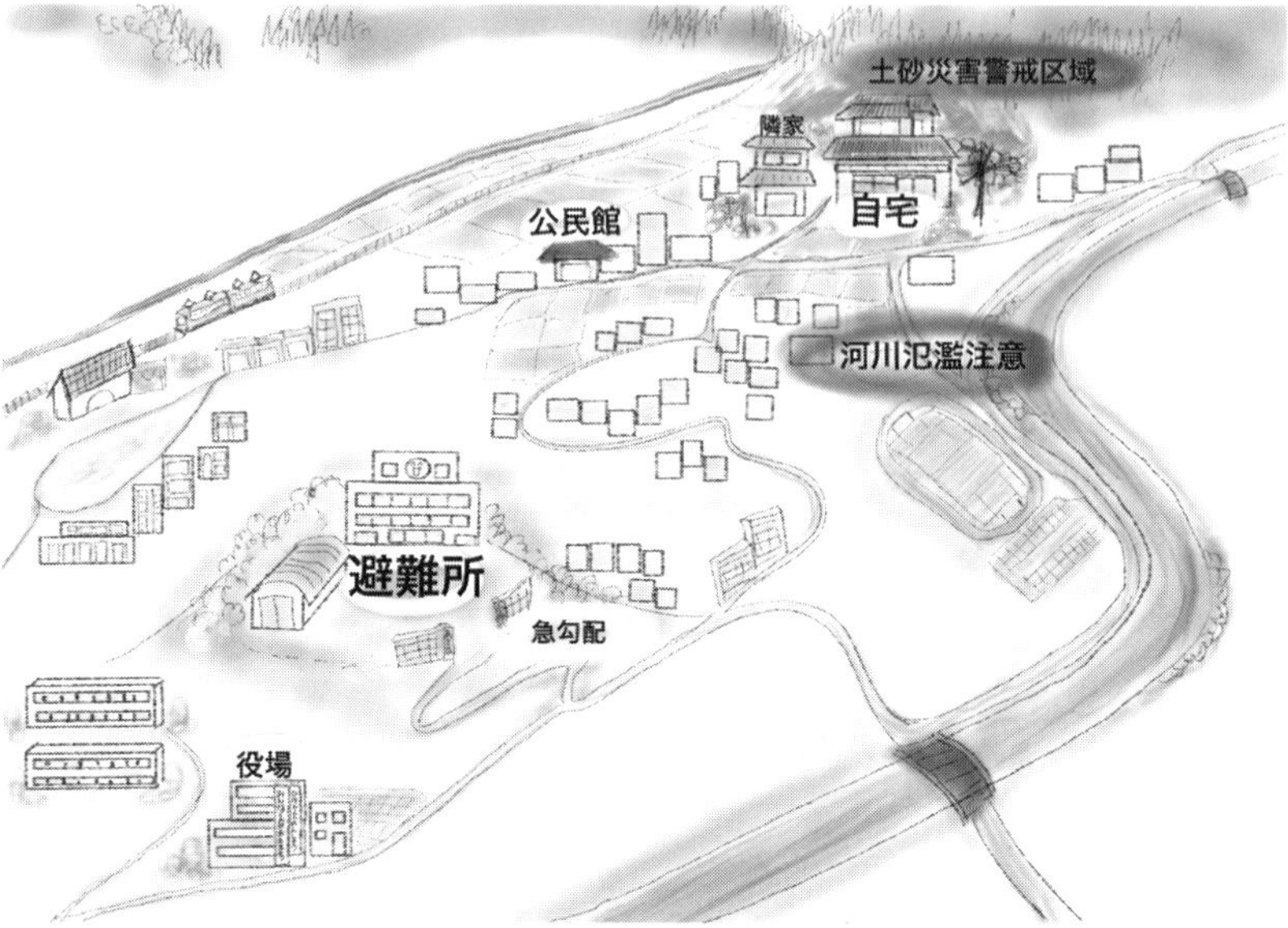


図1　兵庫県ほほえみ市おおわらい町の見取り図

避難所は小学校です。岩男さんやそのお子さんたちもこの学校に通っていました。校門の手前の上り坂は急で、現在の岩男さんの歩行能力ではかなりの負担です。

**図2**は登場人物の人物相関図です。

この図を通して、岩男さんを取り巻く人々の関係をつかんでください。現在は近隣住民との関わりのほとんどない岩男さんですが、この土地で子どもの頃から暮らしていた方です。現在も医療・福祉サービスを利用してここで生活しています。

家族と同居してはいませんが、家族関係は悪くはないようですね。猫の花子と、ゆったりとした生活をされています。

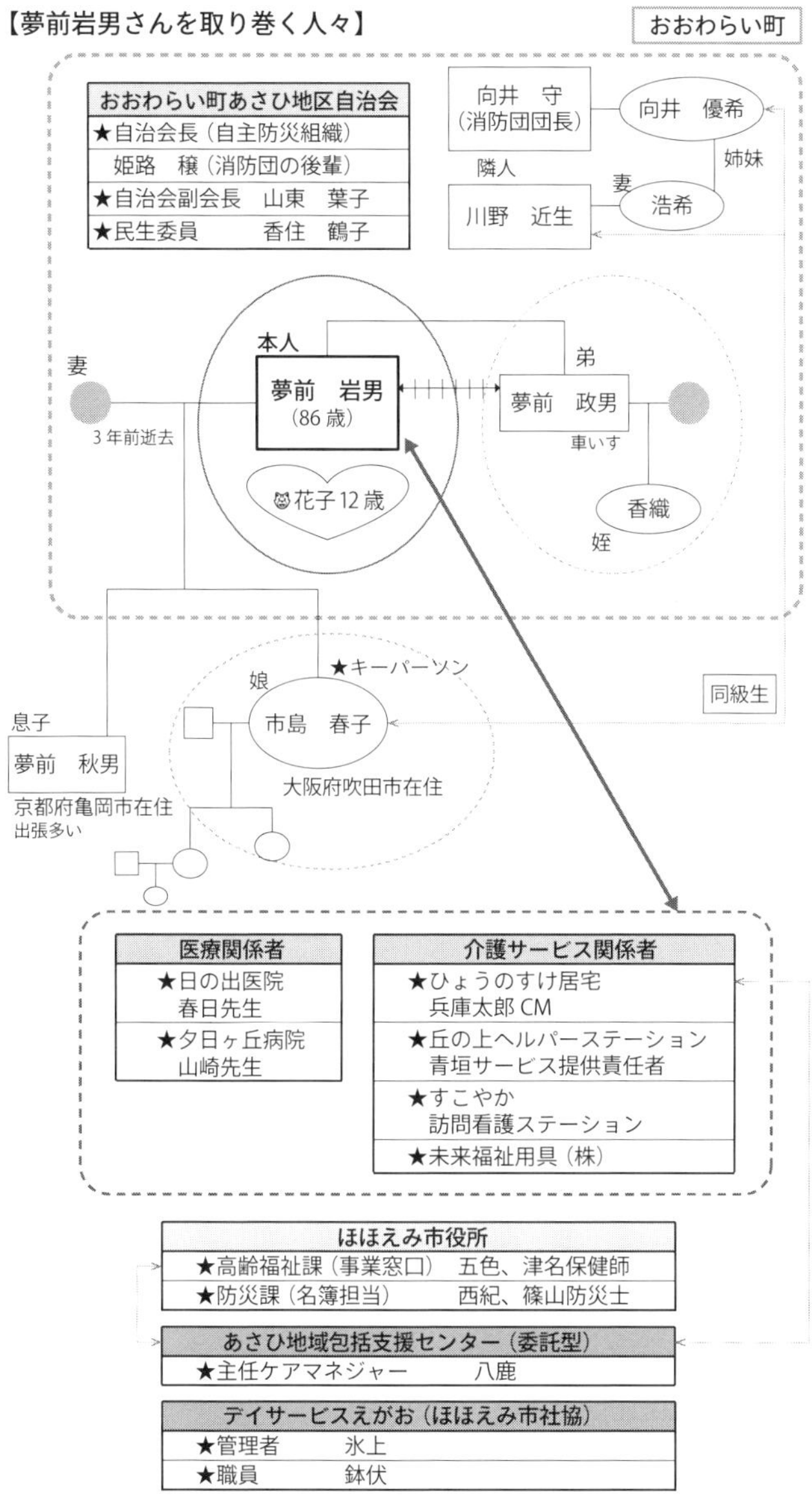


図2　人物相関図：夢前岩男さんを取り巻く人々

## 2　ワークの概要について

### ワーク1：事例概要の理解

それでは、ワーク1から始めます。ここでは事例の概要を理解するために、ブックレット第三号【物語編】の「登場人物一覧」の「当事者情報」（六ページ）と「シーン要約（1〜23）」（一〇〜一二ページ）とシーン18（六八〜七五ページ）を読んでみましょう。

当事者の状態像と、避難支援等関係者から当事者や家族への働きかけ、避難支援等関係者同士の連携の実際をつかんでください。

（1）当事者の状態像
（2）当事者家族の状況
（3）当事者と地域のつながりの実態
（4）福祉専門職の当事者・家族への働きかけ
（5）関係者の立場や役割
（6）福祉専門職の避難支援等関係者との関わり

はそれぞれどうなっていますか？

## ワーク2：当事者力アセスメントの実際

ワーク2では当事者から情報を収集し、災害時の生活課題をアセスメントします。資料の「防災対応力向上シートの「基本情報」と「マイ・タイムライン」」（一〇～一一ページ）をご覧ください。

まず、第三号【物語編】のシーン21を読んで「防災対応力向上シート　基本情報」に記入してください。

続いてシーン22を読んで、「防災対応力向上シート　マイ・タイムライン」に記入してください。

ブックレット第二号の『誰一人取り残さない防災のための、当事者力アセスメントの進め方』で「防災対応力向上シート」記入の仕方についてご説明したので、確認しながら進めてください。

防災対応力向上シートは下記からダウンロードできます。

〈A3版〉http://www.hacsw.or.jp/wp-content/uploads/aa8d78d13864eccd12b6d0532602258c.pdf

QRコード

〈A4版〉http://www.hacsw.or.jp/wp-content/uploads/803f9499fac8b3148fde16cbe0fb3b12.pdf

QRコード

## ワーク3：地域調整会議参加の心得

ワーク3では、地域調整会議参加の心得について考えます。

シーン23までで、地域調整会議に必要な材料が出揃いました。これに基づき以下の四つのポイントを確認していきましょう。

(1) 地域調整会議で話し合うべき課題について。
(2) 備えが不十分な課題について：「防災チェックリスト」の課題整理欄の内容を確認する。
(3) 地域調整会議運営の留意点について。
(4) 福祉専門職の専門技術の活用について：エンパワメント技術の活用を意識する。

## ワーク4：地域力アセスメントの実際

ワーク4では、地域調整会議の内容を整理します。第3号【物語編】のシーン24と25を読んで、地域調整会議の議題を確認するとともに、会議での当事者と避難支援等関係者、それぞれの思いを想像してみましょう。

## ワーク5：個別避難計画案の作成

ワーク5では、具体的な避難支援方法をまとめ、夢前岩男さんの個別避難計画案を作成します。

まず、本号に掲載する巻末資料を確認してください。

●平時の担当ケアマネジャー作成の介護保険帳票（居宅サービス計画書(1)(2)および週間サービス計画表）（六九

〜七一ページ）：個別避難計画作成前の状態

●防災対応力向上シート（七四〜七五ページ）：避難訓練振り返り後の記入例

●災害時プラン記入済みの担当ケアマネジャー作成の介護保険帳票（災害時プラン記入済みの居宅サービス計画書⑴⑵および週間サービス計画表）（七六〜七八ページ）：避難訓練振り返り後の記入例

●兵庫県の個別避難計画書式（「避難行動要支援者のための個別避難計画」）（八二〜八三ページ）：避難計画振り返り後の記入例

以上の資料が確認できたら、以下の四つのワークに取り組んでください。

(1) シーン26を読んで、防災対応力向上シート「マイ・タイムライン」（一〇ページ）の「地域（支援者）の行動」に記入してみましょう。

(2) シーン24〜27を読んで、防災対応力向上シートの「基本情報」、「マイ・タイムライン」がどのように加筆されているかを確認してみましょう。

(3) シーン28・29を読んで、避難訓練後の計画修正例を参考に自分の理解を振り返りましょう。

(4) シーン28・29を読んで、平常時ケアプランに加筆した居宅サービス計画書⑴⑵、週間サービス計画表（災害時プラン記入済み）を参考に、自分の理解レベルを確認してください。障害福祉サービスについては、サービス等利用計画案・障害児支援利用計画案を確認してください。

## 3　個別避難計画演習のまとめ

ここまで、ワーク1～5についてご説明しました。最後に、個別避難計画作成演習のまとめとして、各ワークの目的と流れについてご説明します。

ワーク1では、当事者の状態像と避難支援等関係者との関わりについて理解します。

ワーク2では、当事者から情報収集し、災害時の生活課題のアセスメントする方法について学びます。

ワーク3では、地域調整会議参加の準備について考えます。

ワーク4では、地域力アセスメントの体験として、地域調整会議の内容を整理・確認します。

ワーク5では、具体的な避難支援方法を「防災対応力向上シート」を使ってまとめ、「個別避難計画書」の作成を体験します。

ワークがすべてできたら、次の単元「地域力アセスメントの目的と手法――演習の解説」に進んでください。

# ③ 地域力アセスメントの目的と手法
## ——演習の解説

### 1　はじめに

#### 前回の講義のおさらい

ブックレット第三号『誰一人取り残さない防災のために、福祉関係者が取り組むべきこと【物語編】』掲載の架空のまち「兵庫県ほほえみ市」が舞台のシーン1〜30をお読みいただけたでしょうか？　夢前岩男さんのケースを事例に、避難行動要支援者を取り巻く最新情報をお伝えするとともに、災害時の生活課題に対する当事者力アセスメントから地域調整会議を経て避難訓練に至るまでの、地域力アセスメントの一連の流れをつかんでいただきました。

夢前さんの事例を通して学んだことを踏まえた上で、今回の演習「地域力アセスメントの目的と手法」を進めていきたいと思います。ここでは、福祉専門職が避難支援等関係者とどのように関係を構築していくのかを理解していただくことを目的にしています。

## 【物語編】について

以下、資料①～資料⑤は第三号【物語編】に含まれる内容、および本書の巻末に掲載した資料です。適宜確認しながら理解を深めてください。

資料①（第三号【物語編】六ページおよび本書六八ページ）は、当事者情報のまとめです。

資料②（第三号【物語編】一〇～一二ページ）は、事例のシーン1～23の要約で、これを読めば地域調整会議開催までの道筋が簡単につかめます。

資料③のフェイスシート、平時の居宅サービス計画書⑴⑵および週間サービス計画表（本書六九～七一ページ）は、担当ケアマネジャー作成の介護保険帳票です。当事者の平時の生活状況をつかんでください。

資料④は「防災対応力向上シート」（本書一〇～一一ページ掲載）で、ほほえみ市の個別避難計画書の書式に当たるものです。

資料⑤「避難行動要支援者のための個別避難計画」（本書八二～八三ページ）には、参考資料として兵庫県の個別避難計画書式を掲載しています。

## ワークの概要

本章では、以下の五つの演習を行います。流れについて簡単に説明すると、

ワーク1：事例概要

ワーク2：当事者力アセスメントの実際

ワーク3：地域調整会議参加の心得

ワーク４：地域力アセスメントの実際
ワーク５：個別避難計画案の作成

というように進んでいきます。

また、最後に振り返りとして「個と地域の一体的支援「一つの事例が地域を変える」」を確認します。

## 2　ワーク１：事例概要の理解

### ワーク1の概要

それでは、ワーク１から始めます。ここでは「資料① 当事者情報」と「資料② 事例の要約（シーン１～23）」とシーン18を読み、

(1) 当事者の状態像
(2) 当事者家族の状況
(3) 当事者と地域のつながりの実態
(4) 福祉専門職の当事者・家族への働きかけ
(5) 関係者の立場や役割
(6) 福祉専門職の避難支援等関係者との関わり

について把握していきます。

それでは、実際にワークに取り組んでみましょう。

**解答例①：当事者の状態像**

当事者の状態像において、重要な情報は以下の通りです。

- 八六歳独居、要介護2の男性。
- 糖尿病による壊疽により右足小指を切断。そのため歩行が不安定（杖歩行）。
- 脳梗塞の後遺症で左上肢不全麻痺。
- 高血圧と軽度の認知症と軽度の難聴あり。
- 排泄・整容・摂食・電話応対はほぼ自立。
- 洗濯・掃除はヘルパーの補助が必要。
- 服薬管理と入浴介助で訪問看護を週二回、買い物・調理・掃除などで訪問介護を週三回利用。外出は月一回の通院程度。

なお、岩男さんが利用している福祉サービスが、訪問系に偏っているのが気になります。資料①の当事者情報にも「積極的に他者と関わるタイプではない」とありましたが、ご本人が社交的でないということでしょうか。

**解答例②：当事者家族の状況**

続いて、当事者家族の状況を見ていきましょう。

- 長男・長女とも県外在住。すぐには実家に戻れない状況。

●家族関係は良好。キーパーソンは長女。
●猫の花子（一二歳）と同居。
●ケアマネジャーと長女は頻繁に連絡を取り合っている。
以上が重要な情報です。

**解答例③：当事者と地域とのつながりの実態**

当事者と地域とのつながりはどうなっているでしょうか？
●五〇年前から当地の自宅で暮らしている。
●三年前の妻の他界後は、近所付き合いはほとんどない。
夢男さんは元大工さんで、自分で建てたご自宅なんですね。愛着の強い土地で気に入ったお家で暮らしているようです。

**解答例④：福祉専門職の当事者・家族への働きかけ**

全体を通して、福祉専門職から夢男さんご本人（当事者）やご家族に対してどのような働きかけがあったのか、確認してみましょう。
●五月一三日：（対当事者）ハザードの状況と避難所の場所を確認し、災害の備えの必要と避難所への移動について説明。
●五月二七日：（対家族）当事者の認識の低さを報告。災害時の避難の促しを依頼。

●六月一一日：（対当事者）自宅建物の強度や準備物などを「防災チェックリスト」で確認。
●六月一六日：（対家族）当事者と一緒に避難してくれる「避難支援等実施者」選定の必要があることを伝え、当事者の避難訓練参加の促しを依頼。

ケアマネジャーが、定期訪問時に少しずつ当事者の防災意識が上がるように言葉かけをしています。家族との情報共有に関しても頑張っていますね。

本人と家族が前向きになっていくことで、避難支援等関係者が関わりやすくなっていきます。

## 解答例⑤：関係者の立場や役割

避難支援等関係者の立場や役割を見てみましょう。
●ケアマネジャー：当事者や家族の思いを汲んでより良い支援ができるように考え実行する福祉専門職。
●民生委員：住民の福祉ニーズを拾って関係機関に働きかける地域リーダー。
●自治会長：地域行事などの運営のために関係者との連携を図る中心人物。
●地域包括主任ケアマネジャー：個別避難計画作成事業を推進。多岐にわたる本事業関係者の連絡調整役。
●市職員（福祉）：個別避難計画作成事業の主担当。ケアマネジャーとの連絡窓口。
●市職員（防災）：災害情報を発信する部署であり、自主防災組織との連絡窓口。この事例では、避難行動要支援者名簿管理の主担当。

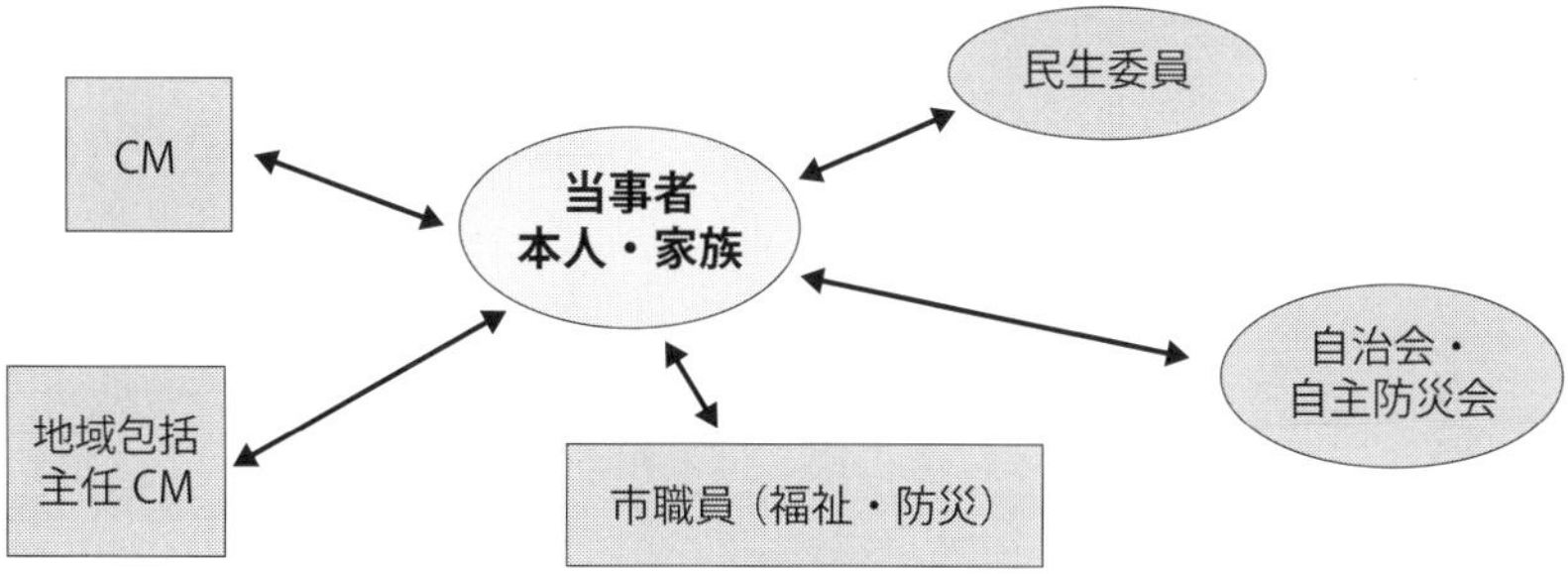


図１　関係者の立場や役割

以上の関係を図で表すと、上の**図１**のようになります。

なお、避難行動要支援者名簿に掲載されている人の情報は、市役所の中の連携がないと整理できません。また、名簿情報を避難支援等関係者と共有するためには、関係者との連絡調整を密に行う必要があります。

これまで福祉専門職が防災部局の行政職員と関わることはなかったと思いますが、この事業をきっかけに関係を構築していただきたいと思います。

## 解答例⑥：福祉専門職の避難支援等関係者との関わり

解答例⑤に挙げた避難支援等関係者に対して、福祉専門職はどのように関わっていたでしょうか？

- 六月一六日：ケアマネジャー⇕民生委員・地域包括主任ケアマネジャー（ソーシャルワーカー）。
- 六月一七日：地域包括主任ケアマネジャー⇕市福祉部局。
- 六月一七日：市福祉部局⇕市防災部局。
- 六月一七日：民生委員⇕自治会長（自主防災会会長）。
- 六月一八日：市防災部局⇕自治会長。

●六月二一日：市福祉部局⇔ケアマネジャー。

これらの連絡調整の結果、六月二四日の関係者打ち合わせが実現し、八月八日の地域調整会議開催につながっていきます。

## 3　ワーク２：当事者力アセスメントの実際

### ワーク2の概要

ワーク２では、まずシーン21を読んで「防災対応力向上シート　基本情報」に記入し、続いてシーン22を読んで「防災対応力向上シート　マイ・タイムライン」にも書き込みをしていただきます。

第二号の『誰一人取り残さない防災のための、当事者力アセスメントの進め方』で、防災対応力向上シートの記入の仕方を学んでいただきました。それをこのワーク２では、実際にやっていただこうと思います。間取り図があらかじめ書き込んであるワークシートを使ってやってみてください。

なお、間取りに関してですが、岩男さんは二階建ての自宅の一階で生活しています。寝室は和室で、この和室には掃き出し窓があり、雨戸が付いています。

この間取りが後ほど重要なポイントになってくるので、しっかりおさえておきましょう。

### 解答例①：「基本情報」の記入例

図2が「基本情報」の記入例です。同意日が二〇二一（令和三）年七月一三日になっています。

# 『防災対応力向上シート』　～基本情報～

災害発生時に地域の支援者と安全に避難できるよう、
「私に必要なこと」を理解してもらうため、私に関する
情報を関係機関・者と共有することに同意します。

作成者：兵庫　太郎
続　柄：ひょうのすけ居宅介護支援事業所
連絡先：071－XXX－XXXX

同意日：　令和３年７月１３日

| | | | |
|---|---|---|---|
| ふりがな | ゆめさき　いわお | | 生年月日 |
| 氏名（自署） | 夢前　岩男 | 男・女（男に○） | 大正・昭和・平成・令和・西暦（昭和に○）　10年 1月 24日（86歳） |
| 心身状況 | ☑要介護（○）・要支援（　2　）　□障害者手帳（　　　）　□その他（　　　） | | |
| 住所 | 兵庫県ほほえみ市おおわらい町あさひ2525 | | |
| 連絡先 | 電話：○○○－○○○－○○○○　　メール等：　なし | | |

緊急連絡先
① 市島　春子　（続柄：長女）　電話：090-XXXX-XXXX　居住地：大阪府吹田市
② 夢前　秋男　（続柄：長男）　電話：080-XXXX-XXXX　居住地：京都府亀岡市

◎住まいの災害リスクを**ハザードマップで確認**しましょう

**住まい**
木造（○）・鉄骨・鉄筋　　戸建て・2階建て　　1 階居住
建築時期　昭和45年9月頃　　耐震構造　有・無（無に○）

**ハザード情報**
☑洋水　浸水区域内（○）（深さ3～5m）・区域外
☑土砂災害　警戒区域内（○）・区域外
□津波　警戒区域内（高さ　　m）・区域外（○）

**同居人**
有（　名）・無（○）
（関係：　　　→避難時に頼れますか？　可・否）

**間取り**　※寝室・普段いる部屋、出口への通路等

【1階部分】

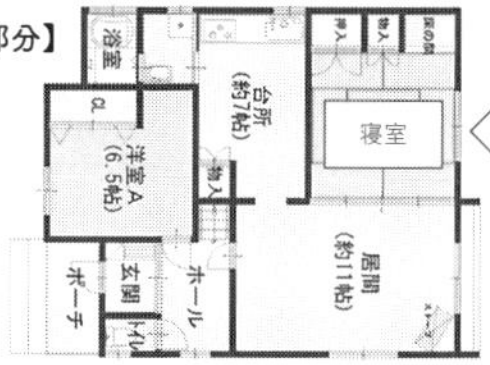


**避難準備にかかる時間は？**

家族等への連絡　10分 ＋ 持ち出し品の準備　20分 ＋ 家の戸締まり　15分 ＝ ❶計　45分

| **避難先は？**（避難所または親族・知人宅等） | 距離 | 手段 | ❷移動時間 | ❶＋❷＝避難に必要な時間 |
|---|---|---|---|---|
| ☑避難先１　朝日小学校（地震、洪水、土砂災害） | 1.5km | ？ | ？　分 | ？　分 |
| □避難先２ | | | 分 | 分 |

□自宅の浸水しない場所（２階以上等）　移動の手助け→　要・不要

**ペットはいますか？**　☑はい　□いいえ
種類：猫（12歳メス）　名前：花子
☑一緒に避難する　※茶色の毛並みに黒い縞模様
□知人等に預ける（　　日前に　　　　へ）

**緊急時の情報伝達・特記事項**
・左上肢に麻痺あり
・右足小指切断、歩行不安定（杖歩行）
・難聴（ゆっくり大きな声で）
・もの忘れあり

**その他留意事項**

現病・既往歴
・糖尿病
・高血圧
・脳梗塞

医療機関（かかりつけ医）
日の出医院

服薬内容　※1日1回朝食後【一包化】
・アマリール（糖尿病）　朝食後
・アムロジン（血圧）　朝食後
・バイアスピリン（血液さらさら）　朝食後
・マグミット（整腸剤）　朝食後

医療処置・医療的ケア等
医療的処置はないが、低血糖に注意



図２「基本情報」の記入例

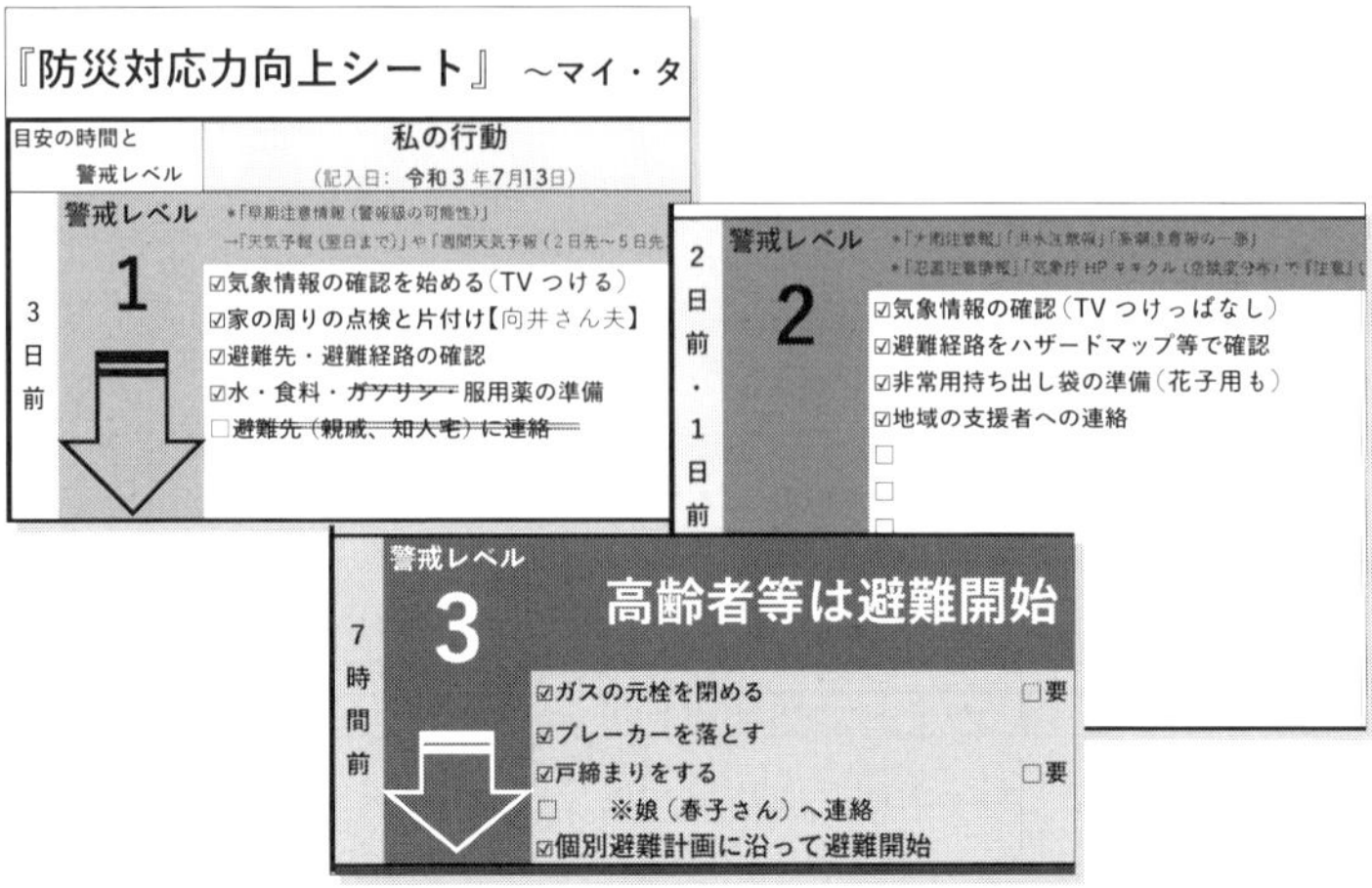


図３　「マイ・タイムライン」の記入例

地域調整会議（八月八日）以前のこの記入例をご覧いただき、ご自身が記入したシートの不足部分を確認してください。

## 解答例②：「マイ・タイムライン」の記入例

続いて、「マイ・タイムライン」の記入例を確認しましょう。**図3**をご参照ください。

ご理解いただいている通り、警戒レベル３は「避難開始」です。急に避難開始はできないので、警戒レベル１、警戒レベル２……と、順を追って準備をしなければいけません。

なお、岩男さんは普段ラジオを聴いていないようなので、テレビをつけっ放しにして気象情報を入手する必要があります。また、家の周りの片づけは、岩男さん自身でどの程度できるでしょうか？　樋《とい》や側溝に詰まりがないかについても確認しなければなりません。岩男さん一人でできなければ、これは近所の誰かにお願いしなくてはなりませんね。

また、警戒レベル2に「避難経路をハザードマップ等で確認」、「非常用持ち出し袋の準備」とありますが、これは岩男さんだけでできるでしょうか？　近所の誰かが声かけしてあげる必要はありませんか？　確認しておきましょう。

警戒レベル3の行動は、避難支援等実施者と一緒にする行動です。留守宅の盗難もありうるので、急いでいても戸締りは必須です。

## 4　ワーク3：地域調整会議参加の心得

### ワーク3の概要

ワーク3では、地域調整会議参加の心得について考え、会議参加の準備を行います。シーン23までで地域調整会議に必要な材料が出揃ったので、これに基づき以下の四つのポイントを確認していきましょう。

(1)　地域調整会議で話し合うべき課題について。
(2)　備えが不十分な課題について：「防災チェックリスト」の課題整理欄の内容を確認する。
(3)　地域調整会議運営の留意点について。
(4)　福祉専門職の専門技術の活用について：エンパワメント技術の活用を意識する。

以上です。

## 確認ポイント①：地域調整会議で話し合うべき課題

一つ目の確認事項である地域調整会議で話し合うべき岩男さんの課題は、大きく分けて以下の三点です。

① 岩男さんの避難所への移動をどうするか？

岩男さんの今の状態で、荷物を持って、猫と一緒にどのように避難所に移動しますか？

② ペット同行のための物品購入やペットの移動をどうするか？

避難所ではペットのエサの配給はありません。また、ペット専用のトイレもありませんから、ペットのえさ・えさ用のお皿・ペットのトイレ、そして専用のケージやリードが最低必要ですが、これらの買い物はホームヘルパーには頼めませんね。

③ 難聴で一人暮らしの岩男さんに伝わる避難の呼びかけとは？

家族が準備するなら、それなりに時間がかかります。いつ・誰が・何を・準備しますか？

雨が降り、玄関の呼び鈴を押しても、岩男さんが玄関を開けてくれなかったらどうしますか？

会議で話し合って決めていかないといけないことがたくさんありますね。

## 確認ポイント②：備えが不十分な課題について

次ページ図4の「防災チェックリスト」「！考えましょう」の記入例をご覧ください。第二号でご説明したように、このチェックリストは、「1購入しましょう」から「7避難できますか」までを順に記入するようになっています。そして、最後の「！考えましょう」は、1～6で解決しなかった項目を転記する「課題整理欄」になっています。

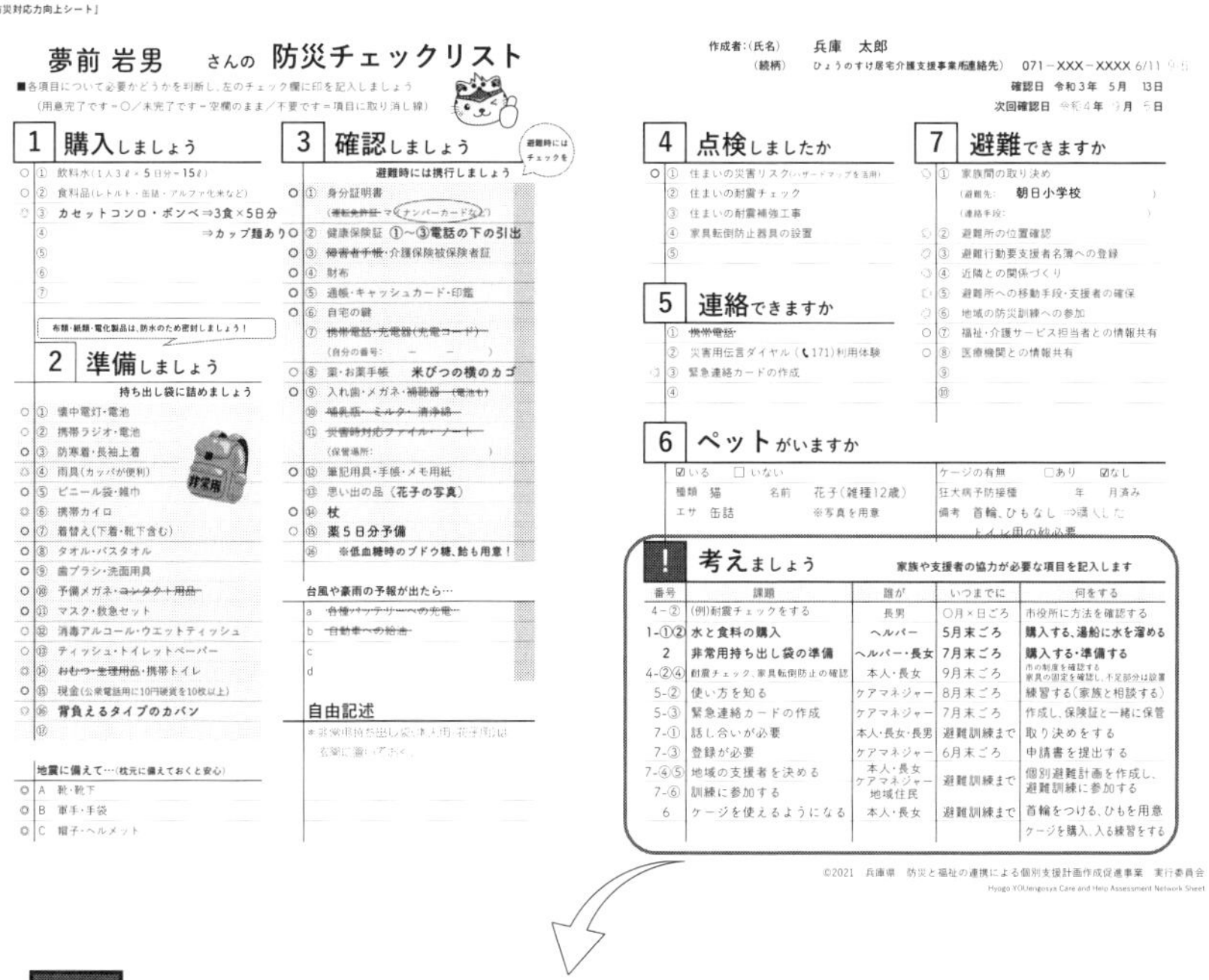
『防災対応力向上シート』

夢前 岩男 さんの 防災チェックリスト

作成者:(氏名) 兵庫 太郎
(続柄) ひょうのすけ居宅介護支援事業所連絡先) 071－XXX－XXXX

確認日 令和3年 5月 13日

■各項目について必要かどうかを判断し、左のチェック欄に印を記入しましょう
(用意完了です＝○／未完了です＝空欄のまま／不要です＝項目に取り消し線)

1 購入しましょう
① 飲料水(1人3ℓ×5日分＝15ℓ)
② 食料品(レトルト・缶詰・アルファ化米など)
③ カセットコンロ・ボンベ⇒3食×5日分
⇒カップ麺あり

布類・紙類・電化製品は、防水のため密封しましょう!

2 準備しましょう
持ち出し袋に詰めましょう
① 懐中電灯・電池
② 携帯ラジオ・電池
③ 防寒着・長袖上着
④ 雨具(カッパが便利)
⑤ ビニール袋・雑巾
⑥ 携帯カイロ
⑦ 着替え(下着・靴下含む)
⑧ タオル・バスタオル
⑨ 歯ブラシ・洗面用具
⑩ 予備メガネ・コンタクト用品
⑪ マスク・救急セット
⑫ 消毒アルコール・ウエットティッシュ
⑬ ティッシュ・トイレットペーパー
⑭ おむつ・生理用品・携帯トイレ
⑮ 現金(公衆電話用に10円硬貨を10枚以上)
⑯ 背負えるタイプのカバン

地震に備えて…(枕元に備えておくと安心)
A 靴・靴下
B 軍手・手袋
C 帽子・ヘルメット

3 確認しましょう
避難時には携行しましょう
① 身分証明書
② 健康保険証 ①～③電話の下の引出
③ 障害者手帳・介護保険被保険者証
④ 財布
⑤ 通帳・キャッシュカード・印鑑
⑥ 自宅の鍵
⑦ 携帯電話・充電器(充電コード)
⑧ 薬・お薬手帳 米びつの横のカゴ
⑨ 入れ歯・メガネ・補聴器
⑩ 哺乳瓶・ミルク・清浄綿
⑪ 災害時対応ファイル・ノート
⑫ 筆記用具・手帳・メモ用紙
⑬ 思い出の品(花子の写真)
⑭ 杖
⑮ 薬5日分予備
⑯ ※低血糖時のブドウ糖、飴も用意!

台風や豪雨の予報が出たら…
a 自家バッテリーへの充電
b 自動車への給油

自由記述

4 点検しましたか
① 住まいの災害リスク(ハザードマップを活用)
② 住まいの耐震チェック
③ 住まいの耐震補強工事
④ 家具転倒防止器具の設置

5 連絡できますか
① 携帯電話
② 災害用伝言ダイヤル(171)利用体験
③ 緊急連絡カードの作成

6 ペットがいますか
☑いる □いない
種類 猫 名前 花子(雑種12歳)
エサ 缶詰
ケージの有無 □あり ☑なし
狂犬病予防接種

7 避難できますか
① 家族間の取り決め
(避難先: 朝日小学校)
② 避難所の位置確認
③ 避難行動要支援者名簿への登録
④ 近隣との関係づくり
⑤ 避難所への移動手段・支援者の確保
⑥ 地域の防災訓練への参加
⑦ 福祉・介護サービス担当者との情報共有
⑧ 医療機関との情報共有

©2021 兵庫県 防災と福祉の連携による個別支援計画作成促進事業 実行委員会
Hyogo YOUengosya Care and Help Assessment Network Sheet

## ! 考えましょう

家族や支援者の協力が必要な項目を記入します

| 番号 | 課題 | 誰が | いつまでに | 何をする |
|---|---|---|---|---|
| 4－② | (例)耐震チェックをする | 長男 | ○月×日ごろ | 市役所に方法を確認する |
| **1-①②** | **水と食料の購入** | **ヘルパー** | **5月末ごろ** | **購入する、湯船に水を溜める** |
| **2** | **非常用持ち出し袋の準備** | **ヘルパー・長女** | **7月末ごろ** | **購入する・準備する** |
| 4-②④ | 耐震チェック、家具転倒防止の確認 | 本人・長女 | 9月末ごろ | 市の制度を確認する<br>家具の固定を確認し、不足部分は設置 |
| 5-② | 使い方を知る | ケアマネジャー | 8月末ごろ | 練習する(家族と相談する) |
| 5-③ | 緊急連絡カードの作成 | ケアマネジャー | 7月末ごろ | 作成し、保険証と一緒に保管 |
| 7-① | 話し合いが必要 | 本人・長女・長男 | 避難訓練まで | 取り決めをする |
| 7-③ | 登録が必要 | ケアマネジャー | 6月末ごろ | 申請書を提出する |
| 7-④⑤<br>7-⑥ | 地域の支援者を決める<br>訓練に参加する | 本人・長女<br>ケアマネジャー<br>地域住民 | 避難訓練まで | 個別避難計画を作成し、<br>避難訓練に参加する |
| 6 | ケージを使えるようになる | 本人・長女 | 避難訓練まで | 首輪をつける、ひもを用意<br>ケージを購入、入る練習をする |

図4 「防災チェックリスト」の「！考えましょう」を用いて備えが不十分な課題を確認する

地域調整会議の出席者全員で、「防災チェックリスト」を読み合わせしていては、時間がかかり過ぎるでしょう。そこで、福祉専門職は調整会議までに1～7および課題整理欄を記入しておき、会議では整理欄をみんなで確認して、「いつ・どこで・誰が・何をするのか」を決めていきます。

## 確認ポイント③：地域調整会議運営の留意点

地域調整会議運営の留意点は以下の五点です。

① 主役は関係者ではなく、当事者自身！
② 当事者の意向を確認しながら進行する。
③ 忙しい中、時間を作って参加してくれた全員を尊重し、批判的にならずに自由に発言できる雰囲気で。
④ 難しい問題があっても前向きにやってみるという方向で。
⑤ 最も身近な家族がいない会議なので、担当の福祉専門職は特に当事者の意向の代弁をしながら、協議内容を当事者に理解できるように解説する。

上記の五点についてもう少し詳しく見ていきましょう。まず、地域調整会議の運営については、特に当事者が置き去りにされないように留意する必要があります。そのためには、当事者の理解を確認しながら、協議内容を関係者全員で共有するよう努めなくてはなりません。関係者全員の意見を尊重しながら、前向きに避難訓練に取り組める余韻を残して会議を終えるのが理想です。

また、地域調整会議はもちろんのこと、本事業は福祉専門職や行政関係者、自治会長、民生委員など多様な職業や立場の関係者の連携によって成り立っています。まさに多職種チームによる支援と言えますが、その目的は当事者の参加を促しながら、当事者と当事者コミュニティの両方に対してエンパワメントを図ることにあります。

本事例では、避難の実現のための課題を当事者とその家族が理解し、自らその解決策を考える様子が見られます。また、長く同じ地域に暮らしてきた当事者の過去の人間関係を基盤に、途切れていたご近所付き合いが復活していきますが、その中心となる人物は当事者である岩男さんご自身です。

## 確認ポイント④：福祉専門職の専門技術の活用について

本事業に関わる福祉専門職にとって、何より大切なのが、確認ポイント③で挙げた「エンパワメント」の技術です。ここでは、エンパワメントの定義とその原則について確認しておきます。

まず、エンパワメントとは、当事者が本来持っている力を発揮できるようにサポートして、自分の課題解決に取り組めるように支援する考え方や専門技術のことです。

その際、重要なのは、主導権・決定権は当事者にあり、問題点とその解決策に関しても、当事者が自分で考えるということです。次ページの**図5**にエンパワメントの原則についてまとめましたが、福祉専門職は必ずこれらのポイントを心に留めて、要支援者のサポートに当たってください。

本事例では、専門職以外にも、多様な住民から当事者とその家族への働きかけがあり、課題解決の過程に彼らが巻き込まれる中で、新たな住民同士の関係が構築され、当事者コミュニティが活性化しました。また、問題解決の過程に当事者が参加することで「避難の自覚」が生まれるとともに、解決策を模索する過程で支

| | |
|---|---|
| 1 | 目標を当事者が選択する |
| 2 | 主導権と決定権を当事者が持つ |
| 3 | 問題点と解決策を当事者が考える |
| 4 | 新たな学びと、より力をつける機会として、当事者が失敗や成功を分析する |
| 5 | 行動変容のために、内的な教科因子を当事者と専門職の両者で発見し、それを補強する |
| 6 | 問題解決の過程に当事者の参加を促し、個人の責任を高める |
| 7 | 問題解決の過程を支えるネットワークと資源を充実させる |
| 8 | 当事者のウェルビーイングに対する意欲を高める |

（出典） 安梅勅江『エンパワメントのケア科学　当事者主体のチームワーク・ケアの技法』医歯薬出版，2004年。

図5　エンパワメントの原則

援ネットワークが構築されたのです。

その結果、はじめは「一人で避難することなどできない」と考えていた当事者が、多様な関係者の働きかけにより、地域の支援者とともに安全に避難所に移動することに挑戦することを自分で選択し、地域調整会議の場でその思いを表明しました。当事者本人の意識が変わり、行動も変わってきましたね。

## 5　ワーク4：地域力アセスメントの実際

### ワーク4の概要

本節では、地域力アセスメントの実際について考えていきます。シーン24と25を読んで、地域調整会議の議題を確認するとともに、当事者と避難支援等関係者、それぞれの思いを理解しましょう。

## 解答例①：地域調整会議の議題

まず、地域調整会議の議題を確認しましょう。会議では何を確認したでしょうか？　以下はその解答例です。

① ハザードの確認
② 避難所の確認、避難経路の確認
③ 当事者情報共有の注意喚起、個人情報取扱い注意の確認
④ 当事者情報の確認
⑤ 今までの避難準備状況の確認：防災対応力向上シート（「基本情報」・「マイ・タイムライン」・「防災チェックリスト」）の確認
⑥ 当事者の歩行能力の確認
⑦ 当事者の避難所までの移動手段についての協議
⑧ ペット同行避難に関する準備物等についての協議
⑨ 当事者への避難の呼びかけについての協議

以上です。

## 解答例②：当事者の思い

続いて、シーン24・25から、当事者である岩男さんが心の中でつぶやいていることを想像してみましょう。下はその解答例です。

●「長女がいなくて心細いな～。こんなにたくさんの人がわしのために会議に来て、大げさなことや。」
●「とりあえず、避難の時に支援してくれる人に、川野さんの息子さんと向井さんのお嫁さんが決まってよかった。二人とも春子の同級生やからしゃべりやすいしな。姫路君も陰でいろいろ動いてくれたんやろな。皆ありがとうよ。」
●「皆の前で兵庫君がわしのことを説明してくれたけど、結構細かいことを言ってたな。なんか恥ずかしいな～。一人暮らしって言っても、わしは花子と一緒にボチボチ暮らしてるんやけど……。」
●「もともと五月に兵庫君に災害時の避難のことを言われるまでは、何かあってもこの家で死ねたらそれでいいと思っとったけど、こんなにわしのことを助けようとしてくれる人がいるんじゃ、真剣に避難訓練にも参加せんと申し訳ないな。」
●「今日は一〇分歩いただけで疲れてしまって、だいぶ体力が落ちてるんかな？　小学校まで歩いて逃げるなんて無理無理！　シニアカーも直せば使えるかも知らんけど結構危ないしな～。皆が言うように、車いすに乗って押してもらって避難するのが一番やろな～。」
●「花子も一緒に避難できるんだったら、皆に助けてもらって小学校に逃げよう！　でも、花子の荷物もあるし、花子をカゴに入れたり専用トイレを使わせたりで、猫の避難訓練もいるんやな。花子は大丈夫やろか？」
●「まあ、あんまり人前で鳴き騒ぐ猫ではないからな。そんなことより自分の非常用持ち出し袋の準備のことよなー。特に毎日飲む薬のことはしっかり考えないといかんな。」
●「防災無線も聞こえてないし、普段から玄関のピンポンを押してくれてもわしが聞きそこなってるかもしらんな。川野君が言う通り、雨戸を開けてでも避難の呼びかけをしてもらうのがいいな。」

●「いろいろ感じることはあるけれど、一人で逃げられないのは明らかなので、どうぞ私を避難所まで連れてってください。自分でできる準備は家族に相談しながら頑張ってみます。よろしくお願いします。」

以上のような感じでしょうね。

当事者自身が課題に気づき、その解決のために他者の力を借りながら頑張ってみようと考えるような会議運営がしたいものです。

## 解答例③：避難支援等関係者の思い

次に、地域調整会議の開始時点の地域調整会議の参加者の思いを想像してみましょう。

●地域包括主任ケアマネジャー：「支援者も一堂に会しているのがとても良い。さて、どんな意見が出てくるかな？」

●ケアマネジャー：「今日は岩男さんの〝通訳〟だ。本人の気持ちや理解に沿って進めていけたらいいな。」

●市職員（福祉）：「個別避難計画を作る段取りを六月二四日に確認した時のメンバーが揃っているので、話がスムーズに進むといいな。」

●市職員（防災）：「自治会（自主防災会）関係者と支援者主体で個別避難計画作りができれば、別の要支援者の計画作りにもつながるはずで、この地域調整会議は大事だな。なかなか行政職員では多様な立場の人が参加するこの会議で意見をまとめていくことは難しいから、包括の主任ケアマネにお願いできてよかったな。」
●支援者・川野：「うちは岩男さんと同じ危険な場所だから、自分も避難することになる。いい機会だから我が事として防災のことを学ばせてもらおう。」
●支援者・向井：「久しぶりに岩男さんに会ったけど、すっかりおじいさんになっちゃって。荷物を自分でもってもらうことは無理やろね。軽度の認知症ってどの程度かな？ 今日言ったことを覚えていられるのかな？」
避難支援等関係者それぞれの立場や、岩男さんとの今までの関わりの違いから様々な思いがあるでしょう。

## 補足：会議では出てこなかった支援方法について

今回の話し合いでは、参加者からの意見として出てこなかった支援方法について、少し考えてみましょう。

### ①本事例で提示されている車いす以外の移動方法はありませんか？

よくある方法が、「リアカーに乗せて引っ張る」、「トラクターに乗せる」です。「誰かの自家用車で移動する」や、「タイミングが早ければタクシーを呼んだらいいんじゃない？」などの意見が出てくることもあります。

また、「状況が悪くなる前に早めに避難所に行こう！」ということですが、避難所開設は誰がするのでしょうか？ 自主防災組織の役割ですね。避難所が開設されていない段階で、岩男さんがタクシーで小学校に行ったらどうなるでしょうか？　災害時の様々なことを自主防災組織の役員さんも含めて話し合っていく必要がありますね。

**②ペットの同行に関して、本事例で示されていること以外にどのようなことを考慮すべきですか？**

これに関しては、本書六五ページの「参考Webサイト」を見てください。ペット同行の避難については、最近様々な資料が出てきていますので、確認してみてください。

**③事例以外に当事者への避難の呼びかけで考えられる方法はありますか？**

「警戒レベル3」になると、支援者の方が呼び鈴を鳴らすので玄関を開ける、またもしもの時のために、寝室の雨戸を閉めた際には、雨戸の鍵も窓の鍵も開けたままにしておくなどの方法が提案されていましたが、これ以外に良い方法がないか考えてみましょう。

## 6　ワーク5：個別避難計画案の作成

### ワーク5の概要

ワーク5では具体的な避難支援方法をまとめ、夢前岩男さんの個別避難計画案を作成します。

警戒レベル１　地域（支援者）の行動

☑要支援者に気象情報を声かけ【　川野さん　】
☑地区内の役割分担・連絡体制の確認【　自治会役員　】
☑避難経路の状況確認【　自治会役員　】
☑避難所の防災用品・備蓄品の確認【　自治会役員　】
☑要支援者と支援者の予定を確認【　自治会役員　】
☑要支援者の車いすの状態確認【川野さん】
☑支援者から家族に連絡【　向井さん　】

警戒レベル２　地域（支援者）の行動

☑要支援者の所在確認【　川野さんご家族　】
☑避難所の開設確認【　自治会長　】
☑要支援者に避難準備呼びかけ【　自治会役員　】
☑避難支援者情報（氏名、住所、電話番号など）
①川野近生さん家族（あさひ 2524）⇒電話：XXX－XXXX
②向井優希さん家族（あさひ 1003）⇒電話：XXX－XXXX
☑支援者から家族に連絡（向井さん）

警戒レベル３　地域（支援者）の行動

☑要支援者に避難呼びかけ【　川野さん、向井さん　】
☑要支援者の避難誘導開始【　川野さん、向井さん　】
※避難後、川野さんが娘へ連絡

図６①　「マイ・タイムライン」への記入例

**確認ポイント①：防災対応力向上シート「マイ・タイムライン」の地域（支援者）の行動**

まず、シーン26を読んで、防災対応力向上シート「マイ・タイムライン」（本書一〇ページ）の「地域（支援者）の行動」に記入してください。警戒レベル１・２・３に支援者が担当するそれぞれの行動を記入します。

**図６①②**は、その記入例です。

**確認ポイント②：「基本情報」、チェックリスト、「マイ・タイムライン」の加筆内容**

シーン27を読んで、防災対応力向上シートの「基本情報」「チェックリスト」「マイ・タイムライン」の加筆内容をそれぞれ確認してください。なお、確認す

# 『防災対応力向上シート』 ～マイ・タイムライン～

気象庁HP あなたの街の防災情報

| 目安の時間と警戒レベル | 私の行動<br>（記入日： 令和３年7月13日） | 地域（支援者）の行動<br>（記入日： 令和３年8月8日）９月５日追記 |
|---|---|---|
| ３日前<br>警戒レベル１ | ＊「早期注意情報（警報級の可能性）」<br>→「天気予報（翌日まで）」や「週間天気予報（２日先～５日先まで）」に合わせて発表される | |
| | ☑気象情報の確認を始める（TV つける）<br>☑家の周りの点検と片付け【向井さん夫】<br>☑避難先・避難経路の確認<br>☑水・食料・~~ガソリン~~・服用薬の準備<br>□~~避難先（親戚、知人宅）に連絡~~<br>☑家族からケアマネに連絡<br>⇒ケアマネ：サービス、薬の状況確認 | ☑要支援者に気象情報を声かけ<br>【誰が： 川野さん 】<br>☑地区内の役割分担・連絡体制の確認（自治会役員）<br>☑避難経路の状況確認（自治会役員）<br>☑避難所の防災用品・備蓄品の確認（自治会役員）<br>☑要支援者と支援者の予定を確認（自治会役員）<br>☑要支援者の車いすの状態確認【川野さん】<br>☑支援者から家族に連絡【向井さん】 |
| ２日前・１日前・半日前<br>警戒レベル２ | ＊「大雨注意報」「洪水注意報」「高潮注意報の一部」<br>＊「氾濫注意情報」「気象庁 HP キキクル（危険度分布）で『注意』（黄色）」 | |
| | ☑気象情報の確認（TV つけっぱなし）<br>☑避難経路をハザードマップ等で確認<br>☑非常用持ち出し袋の準備（花子用も）<br>☑地域の支援者への連絡<br>☑家族に連絡<br>☑花子をひもにつなぐ（花子の準備開始）<br>□ ⇒すぐにケージに入れられる状態にしておく！<br>※雨戸と寝室の窓のカギは開けておく！<br>家族から本人へ連絡←← | ☑要支援者の所在確認<br>【誰が： 川野さんご家族 】<br>☑避難所の開設確認<br>【誰が： 自治会長 】<br>☑要支援者に避難準備呼びかけ<br>【誰が： 自治会役員 】<br>☑避難支援者情報（氏名、住所、電話番号など）<br>①川野近生さん家族（あさひ 2524）<br>⇒電話：XXX－XXXX<br>②向井優希さん家族（あさひ 1003）<br>⇒電話：XXX－XXXX ↓SNS 活用！<br>☑支援者から家族に連絡（向井さん） |
| ７時間前<br>警戒レベル３ | 高齢者等は避難開始 | |
| | ☑ガスの元栓を閉める<br>☑ブレーカーを落とす<br>☑戸締まりをする<br>□ ※娘（春子さん）へ連絡<br>☑個別避難計画に沿って避難開始 | ☑要支援者に避難呼びかけ<br>【誰が： 川野さん、向井さん 】<br>☑要支援者の避難誘導開始<br>【誰が： 川野さん、向井さん 】<br>※避難後、川野さんが娘へ連絡 |
| ３時間前<br>警戒レベル | ４ 全員避難！ | |
| | ～～～ 警戒レベル４までに必ず避難 ～～～ | |
| ０時間<br>警戒レベル | ５ 命の危険 直ちに安全確保！ | |

| | |
|---|---|
| ■自由記述欄（避難誘導時の注意点など）<br>※車いすを使用。花子のケージは本人が抱える。<br>※住宅街を抜ける通学路を通って避難する。<br>（川沿いの道は避ける） ⇒ 添付の地図参照<br>★支援者だけでなく自治会みんなで気にかけよう！ | 上記の内容について確認しました。<br>令和３年 ９月 15日<br>氏 名： 夢前 岩男<br>代理署名： （続柄 ） |

※ここに示した警戒レベルなどのタイミングはあくまでも目安であり、実際の災害時とは異なります。
※必要に応じて「避難経路地図」を添付しましょう。

図6② 「マイ・タイムライン」への記入例

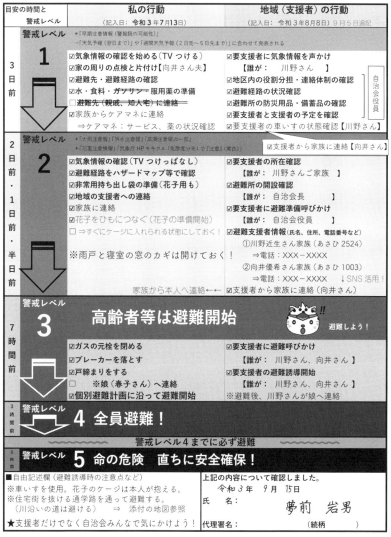

る上で心に留めて置いてほしいポイントは、以下の三点です。
①　個別避難計画は、誰のためのものか？
②　個別避難計画は、どのような人たちで共有するか？
③　個別避難計画は、どのような場面で使われるか？

個別避難計画は、避難行動要支援者である当事者自身の命を守るためのものです。平時から避難支援等関係者である地域住民同士で共有し、実際に危険な状態になった時に活用します。

ですので、専門用語を多用して長々と記入していては、地域住民は理解できませんし、福祉サービス計画書に記載している内容を転記するのでは意味がありません。福祉専門職として、過不足なく伝わる表現を心がけましょう。一般の人に分かるように、平易な言葉で簡潔に作成するのがコツです。

## 7　避難訓練実施後の理解の振り返り

では、避難訓練を実施したと仮定して、読者の皆さんの理解の振り返りを行っておきたいと思います。

●シーン28・29を読んで、避難訓練振り返り後の計画修正例【完成版】を参考に、ご自分の理解を振り返ってください。

●シーン28・29を読んで、平常時ケアプラン加筆例【完成版】（災害時プラン記入済みの居宅サービス計画書⑴⑵および週間サービス計画表）を参考に、ご自分の理解を振り返ってください。障害福祉サービスについては、サービス等利用計画案・障害児支援利用計画案を参考に、振り返ってください。

これで夢前岩男さんの個別避難計画案が出来上がりました。あとは当事者である夢前さんの同意署名をもらって、避難支援等関係者と共有して終了です。

## 8 個と地域の一体的支援「一つの事例が地域を変える」

### 「個と地域の一体的支援」とは

ここでは、「個と地域の一体的支援「一つの事例が地域を変える」」を皆さんと共有します。

二〇一七（平成二九）年に亡くなられた岩間伸之氏（大阪市立大学教授）によれば、「地域を基盤としたソーシャルワークの八つの機能のうち、「個と地域の一体的支援」は、地域を基盤としたソーシャルワークの中でも、「個を地域で支える援助」と「個を支える地域を作る援助」を同時並行で展開するという特質を具体化した機能である。個人への支援に地域の力を活用しつつ、同時に地域の福祉力の向上も促し、それらが相乗効果となって地域福祉の底上げになることを意図する」＊とされています。

＊ 岩間伸之・原田正樹『地域福祉援助をつかむ』（有斐閣、二〇一二年）一二ページ。

## 地域力アセスメントとインフォーマルな支援ネットワークの構築

本事例の当事者力アセスメントの段階を振り返ってみましょう。この段階では、当事者と避難支援等関係者とのネットワークが構築された状態になってはいましたが、避難支援等実施者を含む住民とのネットワークはまだ存在していませんでした（次ページ**図7**参照）。

これに対し、地域力アセスメントの初期に当事者と避難支援等実施者の結びつきができると、避難支援等関係者それぞれの役割も明確になってきて、住民を巻き込む下地が構築されます。**図8**は、多様な関係者の関係を調整するソーシャルワーカーが、当事者本人と日常的に関わっている福祉専門職の情報やアセスメント力を活用しながら、自主防災組織関係者や避難支援等実施者を巻き込み、災害時における当事者の生活課題の解決に向けて意見交換を促進させ、関係者が自助・共助のそれぞれで果たすべき役割を理解していく過程を表したものです。

自主防災組織関係者や避難支援等実施者など、当事者と日常的に関わる家族や福祉専門職以外の人々とのやり取りの中で、当事者自身の「避難の自覚」が促され、防災意識が変革します。そして、その様子を見ている関係者それぞれが、災害に対する備えを「我が事」として捉え、自身の防災意識を変えていきます。また、別の個別避難計画の作成に取り組むことで、自主防災組織関係者の避難行動要支援者に対する意識は、「特別な配慮の必要な特別な住民」という意識から、「住民同士で助け合って支援すれば暮らしていける普通の住民」だという理解に変わってきます。こうして地域全体で「誰一人取り残さない避難」を目指す土壌が構築されるのです。

多様な避難支援等関係者同士の関係構築ができて連携し始めると、避難行動要支援者それぞれに避難支援

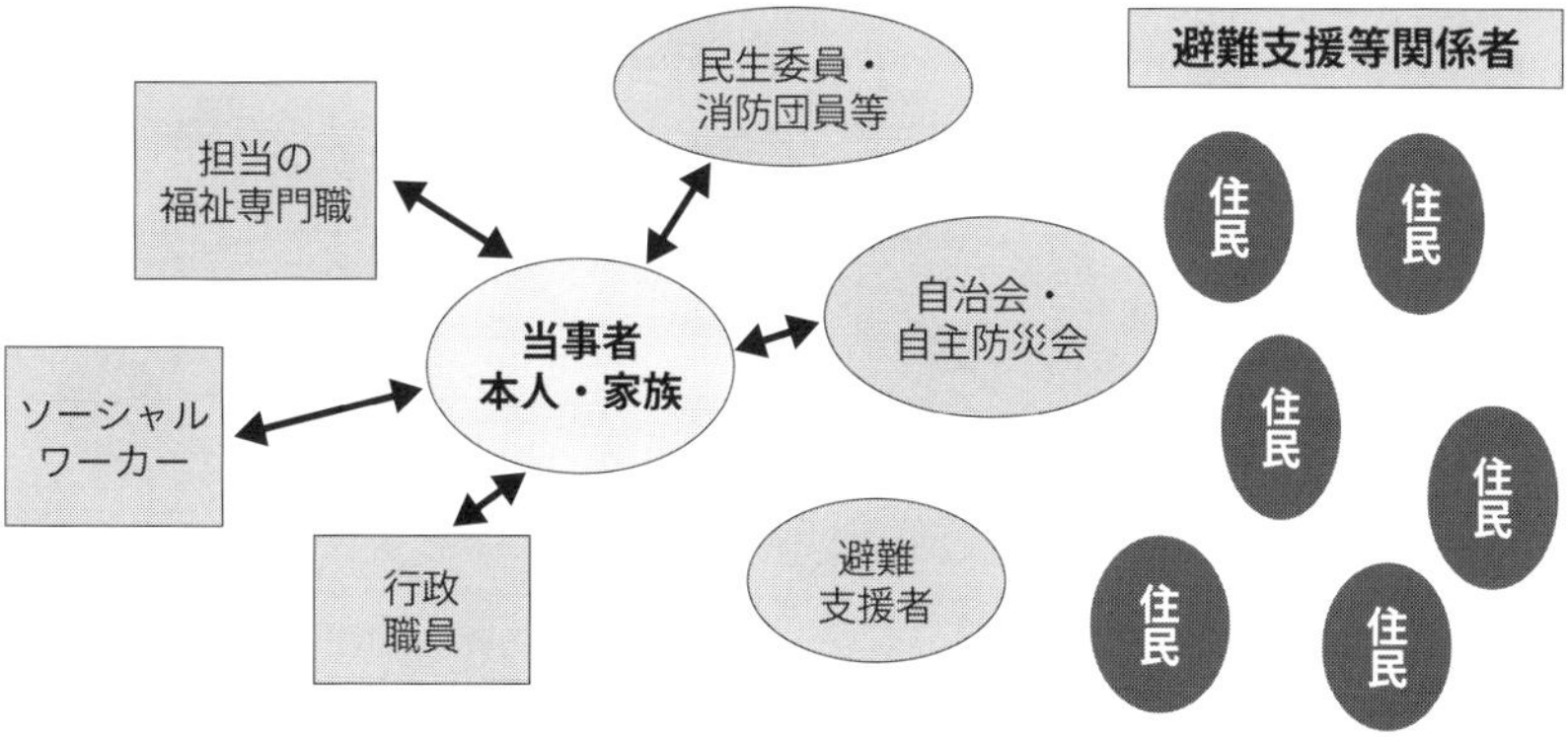


図7　当事者アセスメントの段階

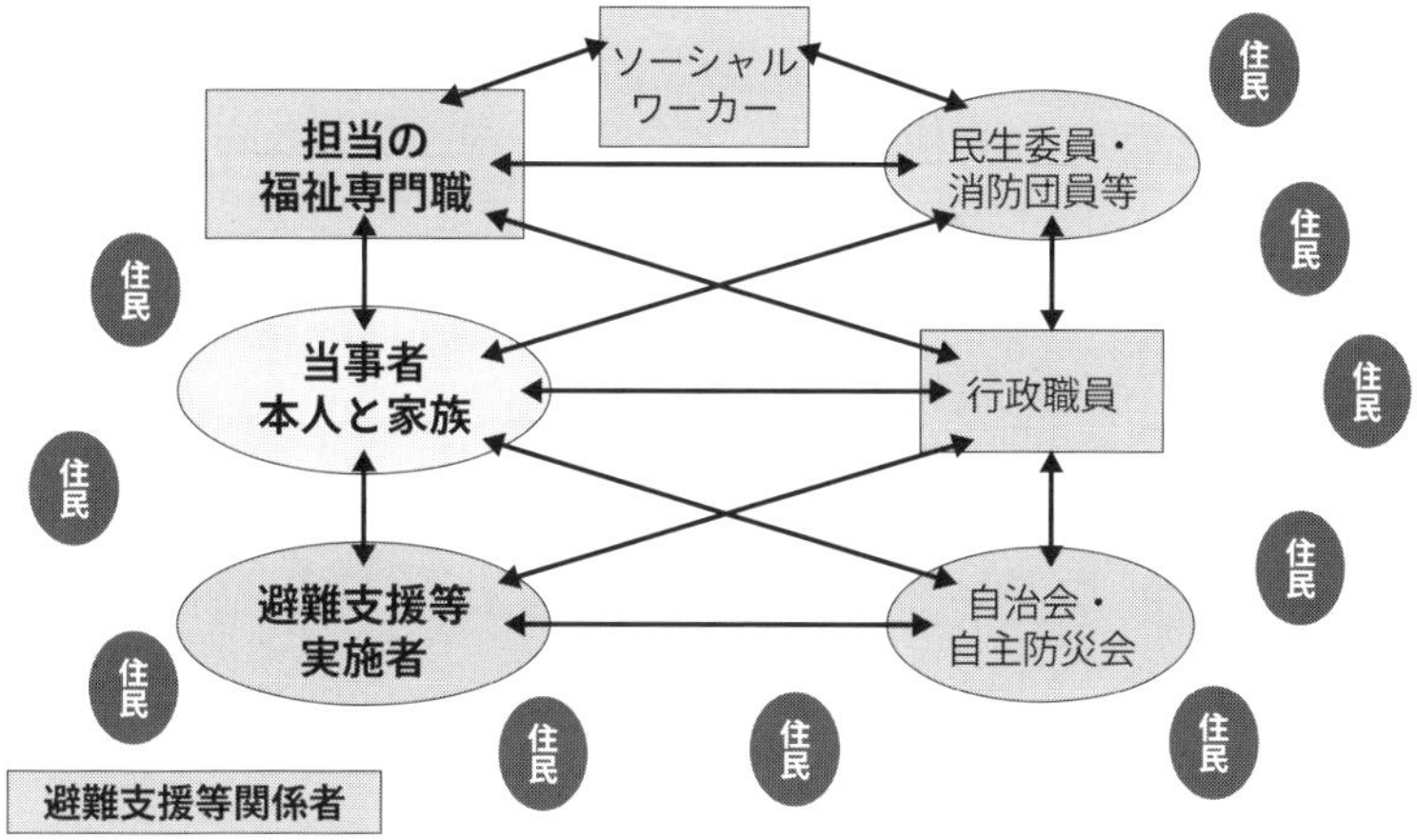


図8　地域力アセスメントの初期：避難支援等実施者の結びつきができると、避難支援者等関係者各々の役割も明確になってきて、住民を巻き込む下地が構築される

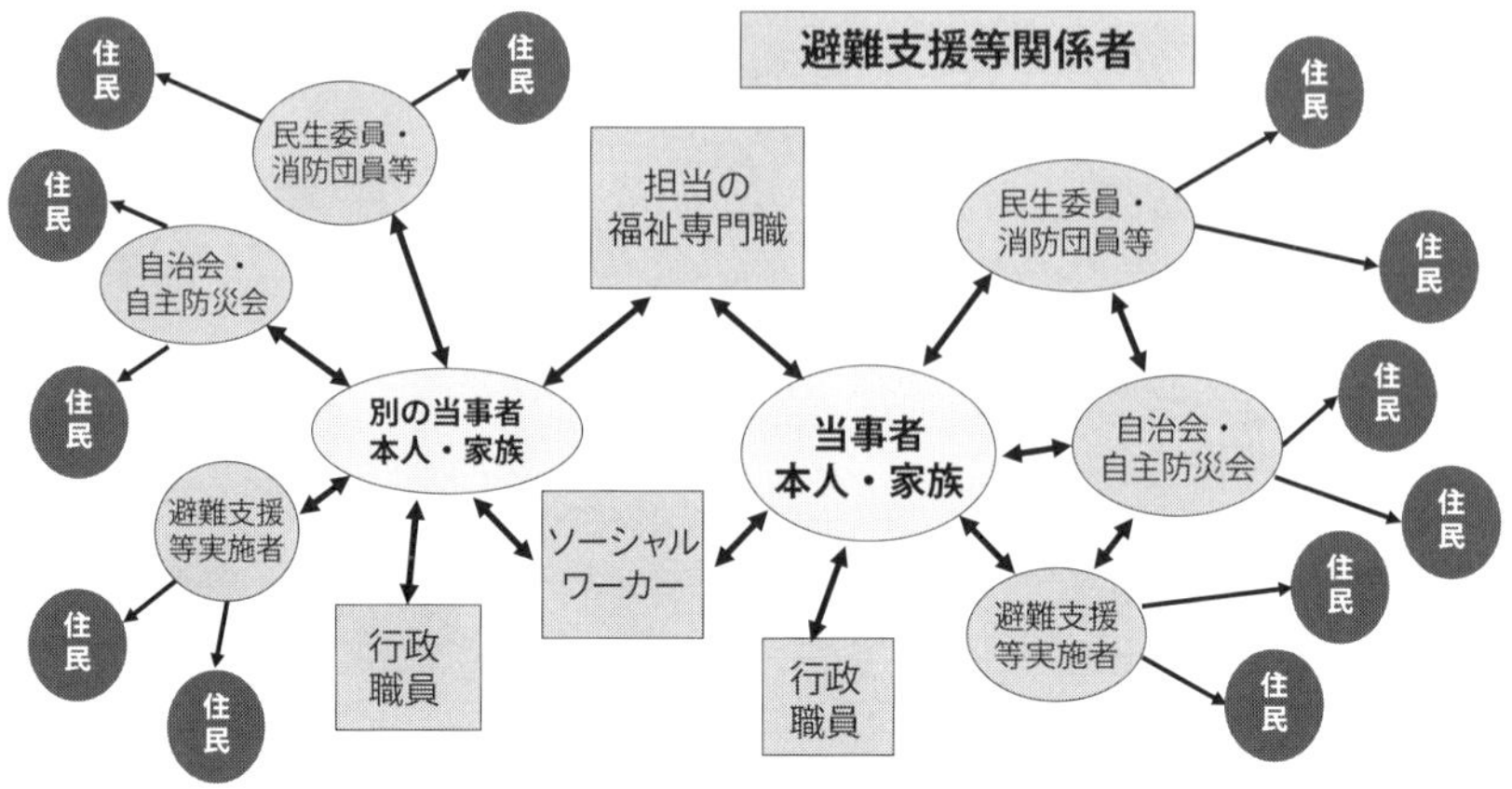


図9　地域力アセスメントを通して当事者やその家族を中心に、地域全体で「誰一人取り残さない避難」を目指す土壌が構築される

等実施者が配置され、本事業に関わる住民が一気に増えるため、この事業の趣旨が一層地域に浸透します。

この事業の趣旨が地域に浸透すると、多数の住民が多数の避難行動要支援者の生活ニーズを理解して、普段の生活においても気にかけて支援するようになります。

平常時と災害時を通して、インフォーマルな支援ネットワークが新たに構築されることにより、当事者と地域社会との関係は格段に強固なものとなるのです。

一人の避難行動要支援者への支援に地域で取り組んだことをきっかけに、防災と福祉の連携促進事業への住民の関わり方が変わってきます。

これは避難行動要支援者とその家族が「避難訓練」という舞台に避難支援等実施者と一緒に立つという大きなイベントがあって、要支援者の存在が住民に認識されたことが、住民の防災意識変革のきっかけになったからです。

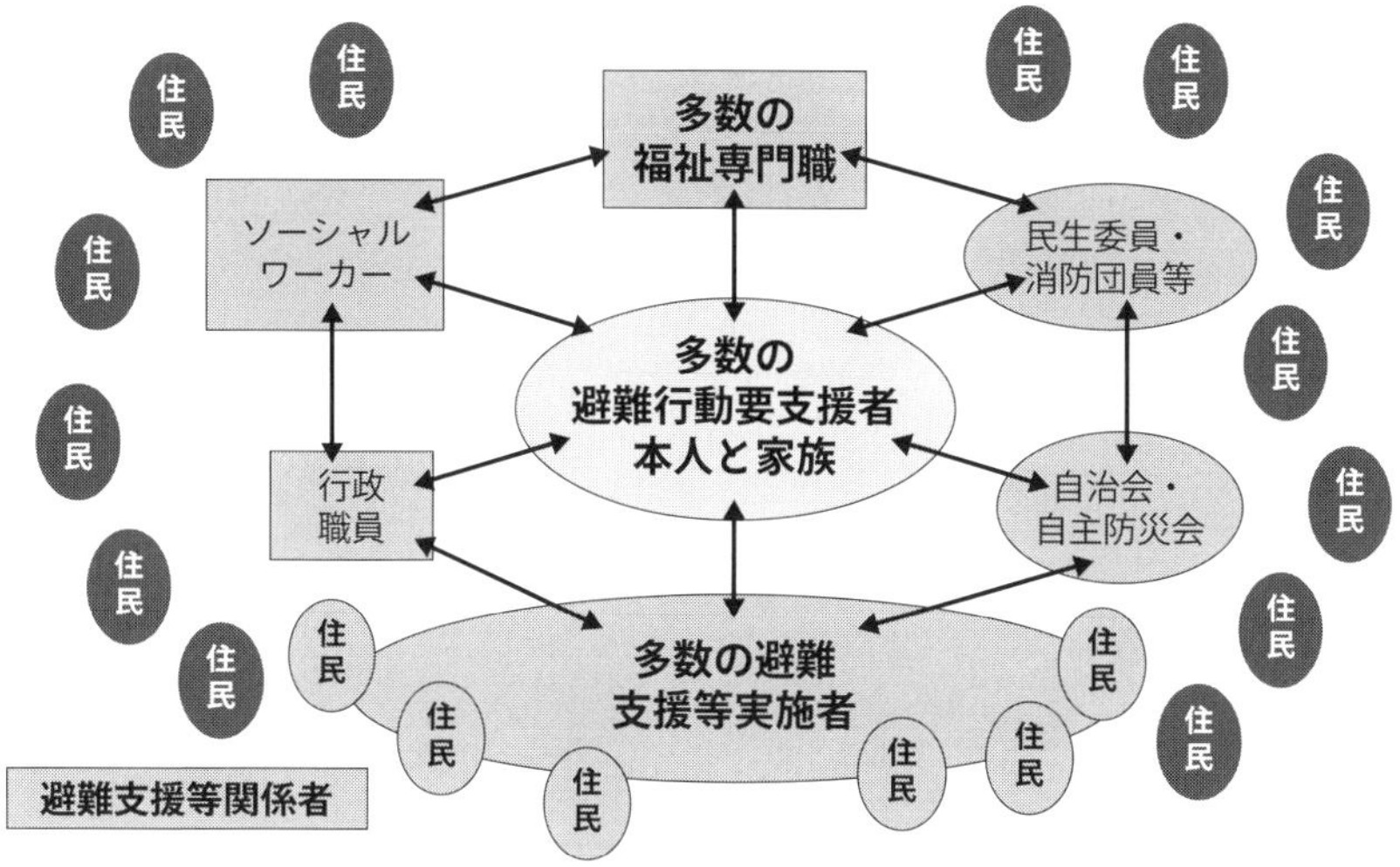


図10　複数の個別避難計画が動き出すと、直接非難行動要支援者に関わっていない住民の意識にも変化が生じる

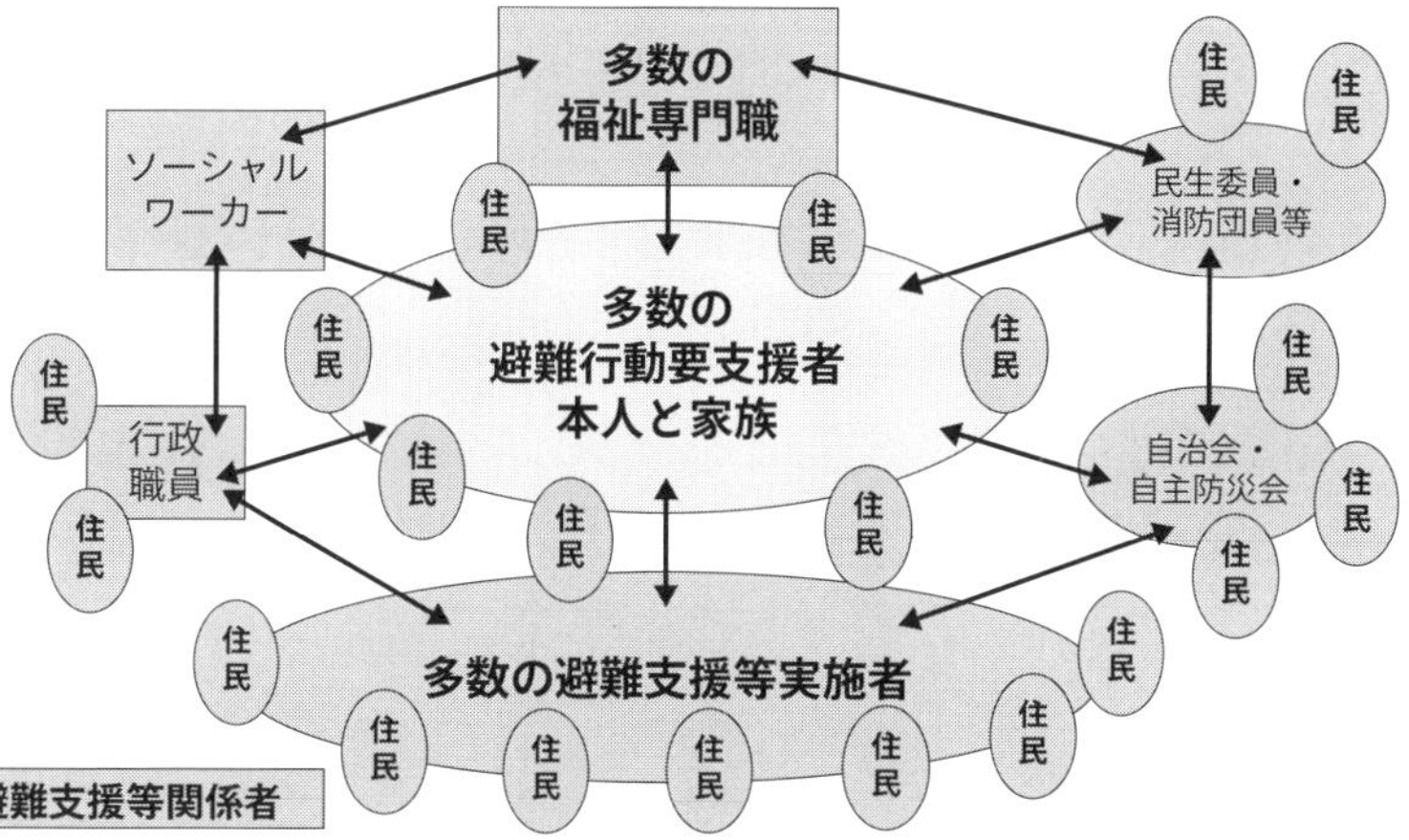


図11　本事業の趣旨が地域に浸透し始めると、住民が非難行動要支援者の存在やニーズを確認し、要支援者を中心として平時と災害時を通してインフォーマルな支援ネットワークが構築される

## 9　最後に――夢前岩男さんの避難行動等支援者たちの会話と気づき

最後に、夢前岩男さんの避難訓練後の支援者たちのグループＳＮＳでの会話を見てみましょう。

**支援者・向井**　何だかすごい一日やったね。お疲れ様。

**長女・春子**　みなさん、本当にお世話になりました。ありがとう。

**支援者・川野**　うちは岩男さんの隣でハザードレベルもまったく同じ。川野家も避難するわけだから我が家の避難準備から全面見直しやな。

**支援者・川野の妻**　そうね。訓練を甘くみてたわ。我が家の非常用持ち出し袋準備と戸締まり確認にどれだけ時間がかかるかやってみないと。

**支援者・向井の夫**　警戒レベル1で「家の周りの点検と片付け」だから、我が家の確認と同時に岩男さんのお家も見ることにする。ついでに川野さん宅にも声かけすることにするよ。

**支援者・川野**　「警戒レベル1で、避難スイッチＯＮ」やからね。

「警戒レベル1で、避難スイッチＯＮ」だと、支援者自身が気づきました。支援者の気づきで、「警戒レベル1」の支援者の行動にも修正が加わるようです。

続いて、会話を見てみましょう。

**支援者・川野の妻**　お姉ちゃん、実家のお母さんのことはどうする～？

**支援者・向井**　お母さんは八〇歳になったけど、今のところ毎日畑仕事しながら一人暮らしできてるし、二日に一回は顔見に寄ってるけどね～。

**支援者・向井の夫**　もう一度ハザードマップをよく見るけど、岩男さんが避難するレベルになったらお母さんも一人で置いとかれへんやろ～。

**支援者・川野の妻**　親戚の家への早めの避難なんかも考えるべき？

**長女・春子**　みんなも自分の家族のことを真剣に考えるきっかけになったみたいね。これをご縁に引き続きグループSNSでつながっていてほしいです。いいですか？

**支援者・向井**　もちろんよ。その代わり春ちゃんがこっちに来たら、できるだけみんなと顔を合わすように時間作ってよ。

支援者が自分の家族の避難準備について、考え始めましたね。岩男さんと同じ地域に住む住民は、ハザード状況は同じような状況ですから、避難訓練で感じたことを自身の避難行動に振り向けて考え始めます。岩男さんの避難支援等実施者同士で、コストをかけずに簡単に瞬時に情報を共有できることは、当事者コミュニティの活性に役立つでしょう。

**長女・春子**　そうやね、今回の一番の収穫は、「関係者の緊密な連携」だったもんね。これからもよろしくお願いします。それはそうと、うちの夫の両親のことも考えないと。だいたい自分のマンションのハザードもよく確認したことないもんな～。

**支援者・川野の妻**　ご近所には一人では逃げられない人はまだ居るよね。一人暮らしのお年寄りだけじゃなくて、目が不自由で気象情報を受け取りにくい人だっているし。自治会役員さんとも情報共有しておかないといけないわね。

このように、夢前岩男さんの避難支援等実施者となって避難訓練に関わった人たちから、口々に自分自身や近隣住民の避難準備について気づきが語られ、防災意識の変化が伝播していきます。防災と福祉の連携促進事業は、避難行動要支援者の個別避難計画の作成を促進し、要支援者の命を守るだけではなく、住民に「避難の自覚」を持たせて防災意識を変革し、地域コミュニティ再生につながる可能性を持っているのです。

平時から災害時の継続性を意識した支援計画を作ってみてください。

## 参考Webサイト

兵庫県ＣＧハザードマップ　地域の風水害対策情報
http://www.hazardmap.pref.hyogo.jp/

ＮＴＴ西日本Webサイト「災害用伝言ダイヤル（171）」
https://www.ntt-west.co.jp/dengon/

内閣府Webサイト
「避難行動要支援者の避難行動支援に関する取組指針」
http://www.bousai.go.jp/taisaku/hisaisyagyousei/youengosya/r3/index.html

環境省Webサイト「災害、あなたとペットは大丈夫？」
https://www.env.go.jp/nature/dobutsu/aigo/2_data/pamph/h3009a.html

環境省Webサイト「ペットの災害対策」
https://www.env.go.jp/nature/dobutsu/aigo/1_law/disaster.html

ペットの防災実行委員会
「あなたとペットの災害対策～同行避難への備え～」
http://www.hyogo-vet-assoc.jp/links/file/doc_k270702.pdf

総務省消防庁Webサイト「自主防災組織の手引」
https://www.fdma.go.jp/mission/bousai/ikusei/items/bousai_2904.pdf

# 参考文献


（1）立木茂雄（二〇一六）『災害と復興の社会学』萌書房
（2）岩間伸之・原田正樹（二〇一二）『地域福祉援助をつかむ』有斐閣
（3）安梅勅江（二〇〇四）『エンパワメントのケア科学　当事者主体のチームワーク・ケアの技法』医歯薬出版
（4）内閣府防災情報のページ（二〇二一）避難行動要支援者の避難行動支援に関する取扱指針p.17「優先度を踏まえた個別避難計画作成の流れ（例）」
（5）内閣府防災情報のページ（二〇二一）避難行動要支援者の避難行動支援に関する取扱指針p.18「個別避難計画作成の段取りに係る考え方（例）」
（6）内閣府防災情報のページ（二〇二一）避難行動要支援者の避難行動支援に関する取扱指針p.19「個別避難計画作成のより詳しい段取りイメージ（例）」
（7）田村圭子（二〇一五）『ワークショップショップでつくる防災戦略――「参画」と「我がこと意識」で「合意形成」――』日経BPコンサルティング
（8）矢守克也・宮本匠（二〇一六）『現場でつくる減災学　協同実践の五つのフロンティア』新曜社
（9）山﨑登（二〇〇九）『地域防災力を高める「やった」といえるシンポジウムを！』近代消防社
（10）社団法人日本社会福祉士養成校協会（二〇一三）『災害ソーシャルワーク入門』中央法規出版
（11）逃げ地図づくりプロジェクトチーム（二〇一九）『災害から命を守る「逃げ地図」づくり』ぎょうせい
（12）矢守克也（二〇〇九）『防災人間科学』東京大学出版会

# 資　料　集

作成日：　令和２年９月２１日

# 利用者基本情報（フェイスシート）

事業所：ひょうのすけ居宅介護支援事業所

担当者：兵庫　太郎

| | | | | |
|---|---|---|---|---|
| フリガナ | ユメサキ　イワオ | 生年月日 | 明 | １０年　１月　２４日 |
| 氏　名 | 夢前　岩男　様 | | 大 | |
| | | | **昭** | （　８５　歳） |
| 住　所 | 〒×××-×××× | | 性　別 | **男**・女 |
| | 兵庫県ほほえみ市おおわらい町あさひ２５２５ | | | |

| | | | | |
|---|---|---|---|---|
| 連絡先 | 名　前 | 市島 春子 | 続　柄 | 長女 |
| | 電話番号 | 090-××××-×××× | 住　所 | 大阪府吹田市 |
| | 名　前 | 夢前 秋男 | 続　柄 | 長男 |
| | 電話番号 | 080-××××-×××× | 住　所 | 京都府亀岡市 |
| 医　療 | 主治医名 | 春日先生 | 医療機関名 | 日の出医院 |
| | 電話番号 | 071-×××-×××× | | |
| | 主治医名 | | 医療機関名 | |
| | 電話番号 | | | |
| 介護保険 | 保険者番号 | 280000 | 被保険者番号 | 0000000000 |
| | 介護度 | 要介護② | 有効期間 | 令和2年10月1日～令和4年9月30日 |

| | | | | | |
|---|---|---|---|---|---|
| ADL | 移　動 | **自　立** | 一部介助 | 全介助 | 不安定。室内つたい歩き、室外杖歩行 |
| | 食　事 | **自　立** | 一部介助 | 全介助 | カップ麺や出来合いの惣菜 |
| | 排　泄 | **自　立** | 一部介助 | 全介助 | 布パンツ。時々汚染あり。 |
| | 入　浴 | 自　立 | **一部介助** | 全介助 | 訪問看護による介助（週2回） |
| | 更　衣 | **自　立** | 一部介助 | 全介助 | |
| | 整　容 | 自　立 | **一部介助** | 全介助 | 口腔ケアは訪問看護師が確認 |
| 会　話 | その場でのコミュニケーションに支障はないが、物忘れあり。軽度認知症の診断。<br>難聴あり（補聴器は使用していない）。 | | | | |
| 行　動 | 外出は月1回の通院程度。自宅で過ごすことが多い。 | | | | |

| | | | | |
|---|---|---|---|---|
| 病　歴 | 糖尿病 | 平成3年発症 | 56歳 | 備　考 |
| | 右足小指壊疽により切断 | 平成29年発症 | 82歳 | 右足小指切断後、要介護認定受け、介護サービス利用開始。脳梗塞発症後、一時老健入所。 |
| | 脳梗塞（左上肢不全麻痺） | 令和元年発症 | 84歳 | |
| | 高血圧 | 年発症 | | |

家族構成

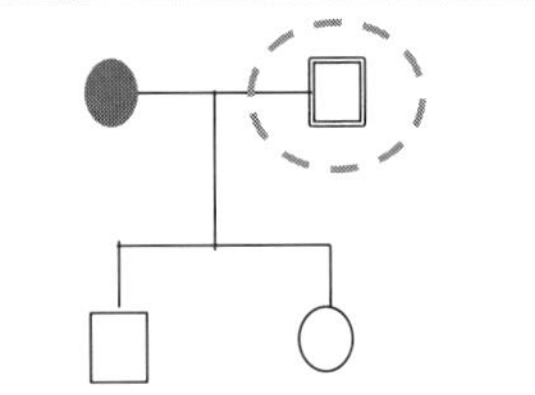

| | |
|---|---|
| 生活状況 | 週3回訪問介護（買物・掃除）<br>週2回訪問看護（体調管理、入浴介助）、福祉用具利用<br>1日テレビを見て過ごす。 |
| 服薬状況 | ・アマリール（糖尿病）1日1回（朝食後）<br>・アムロジン（降圧剤）1日1回（朝食後）<br>・バイアスピリン（血液さらさら）1日1回（朝食後）<br>・マグミット（整腸剤）1日1回（朝食後） |
| 特記事項 | 猫の花子（雑種12歳）を飼っている。<br>地域との交流はあまりない。 |

# 居宅サービス計画書（1）

作成年月日　令和 2 年　9 月　21 日

初回・紹介　**継続**　　**認定済**　申請中

利用者名　夢前 岩男　様　　生年月日 昭和10 年　1 月　24 日生　　住所　兵庫県ほほえみ市おおわらい町あさひ2525

居宅サービス計画作成者氏名　兵庫 太郎

居宅介護支援事業者・事業所名及び所在地　ひょうのすけ居宅介護支援事業所

居宅サービス計画作成（変更）日　令和 2 年　9 月　21 日　　初回居宅サービス計画作成日　平成29 年　6 月　27 日

認定日　令和 2 年　9 月　12 日　　認定の有効期間　令和 2 年　10 月　1 日　～　令和 4 年　9 月　30 日

| | |
|---|---|
| 要介護状態区分 | 要介護1　・　（要介護2）　・　要介護3　・　要介護4　・　要介護5 |
| 利用者及び家族の生活に対する意向 | 本人：この家は、自分が建てたので、最期までここで暮らして死ぬのが本望。猫の「花子」の世話を続けたい。<br>長男・長女：遠方なので、すぐ駆けつけることはできない。父親が希望しているように、自宅での生活を長く続けてほしい。 |
| 介護認定審査会の意見及びサービスの種類の指定 | 特になし |
| 総合的な援助の方針 | 主治医や各事業所と連携しながら、健康状態が維持できるよう、支援していきます。<br>住み慣れた家で暮らし続けたいという岩男さんの思いを尊重しながら、今後、地域での関係づくりを構築できるよう、検討していきます。<br>・緊急連絡先：市島 春子様（長女）　090-××××-××××　　夢前 秋男様（長男）080-××××-××××<br>・主治医：日の出医院 春日先生 071-×××-×××× |
| 生活援助中心型の算定理由 | （1.）一人暮らし　　2.　家族等が障害、疾病等　　3.　その他（　　　　） |

居宅サービス計画について説明を受けました。この計画の実施に同意します　　令和　2　年　9　月　28　日　　署名　夢前　岩男　　印

# 居宅サービス計画書(2)

作成年月日　令和 2 年　9 月　21 日

利用者名　夢前 岩男　様

| 生活全般の解決すべき課題（ニーズ） | 目標 | | | | 援助内容 | | | | | |
|---|---|---|---|---|---|---|---|---|---|---|
| | 長期目標 | （期間） | 短期目標 | （期間） | サービス内容 | ※1 | サービス種別 | ※2 | 頻度 | 期間 |
| 最期までこの家で暮らしたい | 糖尿病が悪化しない | 1年 | 本人が、自覚症状を発信できる | 半年 | VSチェック・内服管理・全身状態の観察・口腔ケア・入浴介助 | ○ | 訪問看護 | すこやか訪問看護ステーション | 週2回 | 半年 |
| | 異常の早期発見 | 1年 | 定期的な受診ができる | 半年 | 受診<br>内服処方<br>全身管理 | | 通院 | 日の出医院 | 4週/1回 | 半年 |
| | 近隣との付き合いが良好になる | 1年 | 地域行事に参加する | 半年 | ふれあい喫茶に参加する（民生委員へ声かけする。） | | インフォーマル | 関わる事業所及び地域住民 | 随時 | 半年 |
| 歩行が不安定なので買物をしてほしい | 安全に買物をしてもらえる | 1年 | 買物を頼むことで支障なく生活できる | 半年 | 買物・<br>時間があれば掃除 | ○ | 訪問介護 | 丘の上ヘルパーステーション | 週3回 | 半年 |
| 安全にひとりで移動したい | 転倒しない | 1年 | 安全に室内を移動できる | 半年 | 四点杖のレンタル<br>ベッドの置き型手すりレンタル | ○ | 福祉用具貸与 | 未来福祉用具 | 随時 | 半年 |
| | | | | | | | | | | |
| | | | | | | | | | | |

※1「保険給付の対象となるかどうかの区分」について、保険給付対象内サービスについては○印を付す。
※2「当該サービス提供を行う事業所」について記入する。

# 週間サービス計画表

作成年月日　令和 2 年 9 月 21 日

利用者名　夢前 岩男　様

| | | 月 | 火 | 水 | 木 | 金 | 土 | 日 | 主な日常生活上の活動 |
|---|---|---|---|---|---|---|---|---|---|
| 深夜 | 4:00 | | | | | | | | |
| 早朝 | 6:00 | 起床 | 起床 | 起床 | 起床 | 起床 | 起床 | 起床 | 朝食 |
| 午前 | 8:00 | | | | | | | | |
| | 10:00 | 訪問介護 | | 訪問介護 | | | 訪問介護 | | |
| 午後 | 12:00 | | | | | | | | 昼食 |
| | 14:00 | | 訪問看護 | | | 訪問看護 | | | |
| | 16:00 | | | | | | | | |
| 夜間 | 18:00 | ゴミ出し | | | ゴミ出し | | | | |
| | 20:00 | | | | | | | 夕食 | |
| 深夜 | 22:00 | 就寝 | 就寝 | 就寝 | 就寝 | 就寝 | 就寝 | 就寝 | |
| | 0:00 | | | | | | | | |
| | 2:00 | | | | | | | | |
| | 4:00 | | | | | | | | |

| 週単位以外のサービス | 四点杖、置き型手すりレンタル（ベッド）<br>月1回　内科受診（日の出医院） |
|---|---|

作成者:(氏名)　兵庫　太郎

(続柄)　ひょうのすけ居宅介護支援事業所　(連絡先)　071－XXX－XXXX 6/11

確認日　令和3年　5月　13日

次回確認日　令和4年　9月　5日

## 4 点検しましたか

○ ① 住まいの災害リスク(ハザードマップを活用)
② 住まいの耐震チェック
③ 住まいの耐震補強工事
④ 家具転倒防止器具の設置
⑤

## 5 連絡できますか

① ~~携帯電話~~
② 災害用伝言ダイヤル（☎171）利用体験
◎ ③ 緊急連絡カードの作成
④

## 7 避難できますか

◎ ① 家族間の取り決め
(避難先:　朝日小学校　)
(連絡手段:　)
◎ ② 避難所の位置確認
◎ ③ 避難行動要支援者名簿への登録
◎ ④ 近隣との関係づくり
◎ ⑤ 避難所への移動手段・支援者の確保
◎ ⑥ 地域の防災訓練への参加
○ ⑦ 福祉・介護サービス担当者との情報共有
○ ⑧ 医療機関との情報共有
⑨
⑩

## 6 ペットがいますか

☑いる　□いない
種類　猫　　名前　花子(雑種12歳)
エサ　缶詰　　※写真を用意

ケージの有無　□あり　☑なし
狂犬病予防接種　　年　月済み
備考　首輪、ひもなし ⇒購入した
トイレ用の砂必要

## ! 考えましょう

家族や支援者の協力が必要な項目を記入します

| 番号 | 課題 | 誰が | いつまでに | 何をする |
|---|---|---|---|---|
| 4－② | (例)耐震チェックをする | 長男 | ○月×日ごろ | 市役所に方法を確認する |
| **1-①②** | **水と食料の購入** | **ヘルパー** | **5月末ごろ** | **購入する、湯船に水を溜める** |
| **2** | **非常用持ち出し袋の準備** | **ヘルパー・長女** | **7月末ごろ** | **購入する・準備する** |
| 4-②④ | 耐震チェック、家具転倒防止の確認 | 本人・長女 | 9月末ごろ | 市の制度を確認する<br>家具の固定を確認し、不足部分は設置 |
| 5-② | 使い方を知る | ケアマネジャー | 8月末ごろ | 練習する(家族と相談する) |
| 5-③ | 緊急連絡カードの作成 | ケアマネジャー | 7月末ごろ | 作成し、保険証と一緒に保管 |
| 7-① | 話し合いが必要 | 本人・長女・長男 | 避難訓練まで | 取り決めをする |
| 7-③ | 登録が必要 | ケアマネジャー | 6月末ごろ | 申請書を提出する |
| 7-④⑤ | 地域の支援者を決める | 本人・長女<br>ケアマネジャー<br>地域住民 | 避難訓練まで | 個別避難計画を作成し、<br>避難訓練に参加する |
| 7-⑥ | 訓練に参加する | | | |
| 6 | ケージを使えるようになる | 本人・長女 | 避難訓練まで | 首輪をつける、ひもを用意 |
| | | | | ケージを購入、入る練習をする |

# 夢前 岩男　さんの 防災チェックリスト

■各項目について必要かどうかを判断し、左のチェック欄に印を記入しましょう
（用意完了です＝○／未完了です＝空欄のまま／不要です＝項目に取り消し線）

## 1 購入しましょう

- ○ ① 飲料水（1人3ℓ×5日分＝15ℓ）
- ○ ② 食料品（レトルト・缶詰・アルファ化米など）
- ◎ ③ **カセットコンロ・ボンベ⇒3食×5日分**
- ④ **⇒カップ麺あり**
- ⑤
- ⑥
- ⑦

布類・紙類・電化製品は、防水のため密封しましょう！

## 2 準備しましょう

持ち出し袋に詰めましょう

- ○ ① 懐中電灯・電池
- ○ ② 携帯ラジオ・電池
- ○ ③ 防寒着・長袖上着
- ◎ ④ 雨具（カッパが便利）
- ○ ⑤ ビニール袋・雑巾
- ◎ ⑥ 携帯カイロ
- ○ ⑦ 着替え（下着・靴下含む）
- ○ ⑧ タオル・バスタオル
- ○ ⑨ 歯ブラシ・洗面用具
- ○ ⑩ 予備メガネ・~~コンタクト用品~~
- ○ ⑪ マスク・救急セット
- ○ ⑫ 消毒アルコール・ウエットティッシュ
- ○ ⑬ ティッシュ・トイレットペーパー
- ◎ ⑭ ~~おむつ・生理用品~~・携帯トイレ
- ○ ⑮ 現金（公衆電話用に10円硬貨を10枚以上）
- ◎ ⑯ **背負えるタイプのカバン**
- ⑰

### 地震に備えて…（枕元に備えておくと安心）

- ◎ A 靴・靴下
- ◎ B 軍手・手袋
- ◎ C 帽子・ヘルメット

## 3 確認しましょう

避難時にはチェックを

避難時には携行しましょう

- ○ ① 身分証明書
  （~~運転免許証~~・マイナンバーカードなど）
- ○ ② 健康保険証 **①～③電話の下の引出**
- ○ ③ ~~障害者手帳~~・介護保険被保険者証
- ○ ④ 財布
- ○ ⑤ 通帳・キャッシュカード・印鑑
- ○ ⑥ 自宅の鍵
- ⑦ ~~携帯電話・充電器（充電コード）~~
  （自分の番号：　－　－　）
- ○ ⑧ 薬・お薬手帳 **米びつの横のカゴ**
- ○ ⑨ 入れ歯・メガネ・~~補聴器（電池も）~~
- ⑩ ~~哺乳瓶・ミルク・清浄綿~~
- ⑪ ~~災害時対応ファイル・ノート~~
  （保管場所：　）
- ○ ⑫ 筆記用具・手帳・メモ用紙
- ⑬ 思い出の品 **（花子の写真）**
- ○ ⑭ **杖**
- ○ ⑮ **薬5日分予備**
- ⑯ **※低血糖時のブドウ糖、飴も用意！**

### 台風や豪雨の予報が出たら…

- a ~~各種バッテリーへの充電~~
- b ~~自動車への給油~~
- c
- d

### 自由記述

＊非常用持ち出し袋（本人用・花子用）は
玄関に置いておく。

# 『防災対応力向上シート』　～マイ・タイムライン～

気象庁 HP
あなたの街の
防災情報

| 目安の時間と警戒レベル | 私の行動<br>（記入日：令和３年7月13日） | 地域（支援者）の行動<br>（記入日：令和３年8月8日）９月５日追記 |
|---|---|---|
| 3日前<br>警戒レベル1 | *「早期注意情報（警報級の可能性）」<br>→「天気予報（翌日まで）」や「週間天気予報（２日先～５日先まで）」に合わせて発表される | |
| | ☑気象情報の確認を始める（TV つける）<br>☑家の周りの点検と片付け【向井さん夫】<br>☑避難先・避難経路の確認<br>☑水・食料・~~ガソリン・~~服用薬の準備<br>□~~避難先（親戚、知人宅）に連絡~~<br>☑家族からケアマネに連絡<br>⇒ケアマネ：サービス、薬の状況確認 | ☑要支援者に気象情報を声かけ<br>【誰が：　川野さん　】<br>☑地区内の役割分担・連絡体制の確認<br>☑避難経路の状況確認<br>☑避難所の防災用品・備蓄品の確認<br>☑要支援者と支援者の予定を確認<br>（以上 自治会役員）<br>☑要支援者の車いすの状態確認【川野さん】<br>☑支援者から家族に連絡【向井さん】 |
| 2日前・1日前・半日前<br>警戒レベル2 | *「大雨注意報」「洪水注意報」「高潮注意報の一部」<br>*「氾濫注意情報」「気象庁 HP キキクル（危険度分布）で『注意』（黄色）」 | |
| | ☑気象情報の確認（TV つけっぱなし）<br>☑避難経路をハザードマップ等で確認<br>☑非常用持ち出し袋の準備（花子用も）<br>☑地域の支援者への連絡<br>☑家族に連絡<br>☑花子をひもにつなぐ（花子の準備開始）<br>□⇒すぐにケージに入れられる状態にしておく！<br>※雨戸と寝室の窓のカギは開けておく！<br>家族から本人へ連絡←-- | ☑要支援者の所在確認<br>【誰が：　川野さんご家族　】<br>☑避難所の開設確認<br>【誰が：　自治会長　】<br>☑要支援者に避難準備呼びかけ<br>【誰が：　自治会役員　】<br>☑避難支援者情報（氏名、住所、電話番号など）<br>①川野近生さん家族（あさひ 2524）<br>⇒電話：XXX－XXXX<br>②向井優希さん家族（あさひ 1003）<br>⇒電話：XXX－XXXX　↓SNS 活用！<br>☑支援者から家族に連絡（向井さん） |
| 7時間前<br>警戒レベル3 | **高齢者等は避難開始** | |
| | ☑ガスの元栓を閉める<br>☑ブレーカーを落とす<br>☑戸締まりをする<br>□　※娘（春子さん）へ連絡<br>☑個別避難計画に沿って避難開始 | ☑要支援者に避難呼びかけ<br>【誰が：　川野さん、向井さん　】<br>☑要支援者の避難誘導開始<br>【誰が：　川野さん、向井さん　】<br>※避難後、川野さんが娘へ連絡 |
| 3時間前<br>警戒レベル4 | **全員避難！** | |
| | 警戒レベル４までに必ず避難 | |
| 0時間<br>警戒レベル5 | **命の危険　直ちに安全確保！** | |

| ■自由記述欄（避難誘導時の注意点など） | 上記の内容について確認しました。 |
|---|---|
| ※車いすを使用。花子のケージは本人が抱える。<br>※住宅街を抜ける通学路を通って避難する。<br>（川沿いの道は避ける）　⇒　添付の地図参照<br>★支援者だけでなく自治会みんなで気にかけよう！ | 令和３年　９月　15日<br>氏　名：　夢前　岩男<br>代理署名：　（続柄　　　） |

※ここに示した警戒レベルなどのタイミングはあくまでも目安であり、実際の災害時とは異なります。
※必要に応じて「避難経路地図」を添付しましょう。

# 『防災対応力向上シート』　～基本情報～

災害発生時に地域の支援者と安全に避難できるよう、「私に必要なこと」を理解してもらうため、私に関する情報を関係機関・者と共有することに同意します。

作成者：兵庫　太郎
続　柄：ひょうのすけ居宅介護支援事業所
連絡先：071-XXX-XXXX

同意日：令和３年７月１３日

| | | | |
|---|---|---|---|
| ふりがな | ゆめさき　いわお | 男・女（男に○） | 生年月日 |
| 氏名（自署） | 夢前　岩男 | | 大正・昭和・平成・令和・西暦（昭和に□）<br>10 年 1 月 24 日（86 歳） |
| 心身状況 | ☑要介護・要支援（2）□障害者手帳（　）□その他（　） | | |
| 住所 | 兵庫県ほほえみ市おおわらい町あさひ2525 | | |
| 連絡先 | 電話：000－000－0000　メール等：なし | | |

緊急連絡先
① 市島　春子　（続柄：長女）　電話：090-XXX-XXXX　居住地：大阪府吹田市
② 夢前　秋男　（続柄：長男）　電話：080-XXX-XXXX　居住地：京都府亀岡市

◎住まいの災害リスクを**ハザードマップで確認**しましょう

**住まい**
木造・鉄骨・鉄筋（木造に□）　戸建て・2階建て　1 階居住
建築時期　昭和45年9月頃　耐震構造　有・無（無に○）

**ハザード情報**
☑洪水　浸水区域内（深さ３～５m）・区域外（浸水区域内に○）
☑土砂災害　警戒区域内・区域外（警戒区域内に○）
□津波　警戒区域内（高さ　m）・区域外（区域外に○）

**同居人**
有（　名）・無（無に○）
（関係：　→避難時に頼れますか？　可・否）

**間取り**　※寝室・普段いる部屋、出口への通路等

【1階部分】

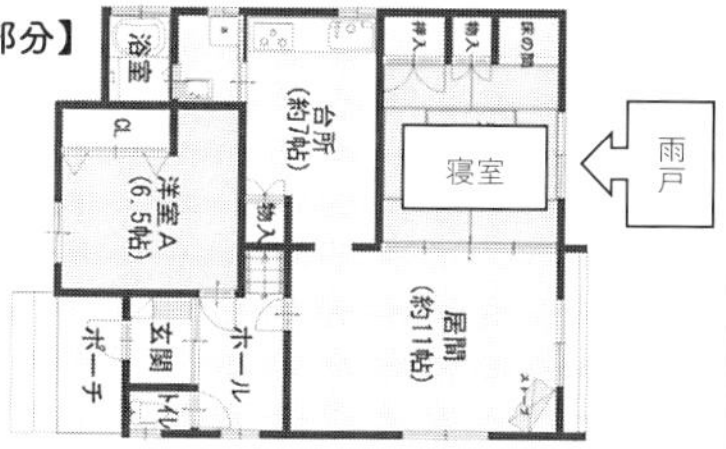


**避難準備にかかる時間は？**
家族等への連絡　10分＋持ち出し品の準備　20分＋家の戸締まり　15分＝❶計　45分

| **避難先は？**（避難所または親族・知人宅等） | 距離 | 手段 | ❷移動時間 | ❶＋❷＝避難に必要な時間 |
|---|---|---|---|---|
| ☑避難先１　朝日小学校（地震、洪水、土砂災害） | 1.5km | ~~?~~ 車いす | ~~?~~ 30 分 | ~~?~~ 75 分 |
| □避難先２ | | | | |
| □自宅の浸水しない場所（２階以上等）　移動の手助け→要・不要 | | | | |

**ペットはいますか？**　☑はい　□いいえ
種類：猫（12歳メス）　名前：花子
☑一緒に避難する　※茶色の毛並みに黒い縞模様
□知人等に預ける（　日前に　へ）

**緊急時の情報伝達・特記事項**
＊難聴のため、ゆっくり大きな声で声をかける。
＊避難準備開始や避難の呼びかけは、玄関の呼び鈴を押す。
⇒聞こえなければ、寝室の雨戸・掃き出し窓を開けて呼びかける。
＊もの忘れがあるので、くり返し伝える、メモに書くなどする。
＊左腕に麻痺があり、動かしにくい。
＊右足小指を切断しており、歩行が不安定。
＊体重約60キロ

**その他留意事項**
現病・既往歴
・糖尿病
・高血圧
・脳梗塞

医療機関（かかりつけ医）
日の出医院

服薬内容　※1日1回朝食後【一包化】
・アマリール（糖尿病）　朝食後
・アムロジン（血圧）　朝食後
・バイアスピリン（血液さらさら）　朝食後
・マグミット（整腸剤）　朝食後

医療処置・医療的ケア等
医療的処置はないが、低血糖に注意

# 居宅サービス計画書（1）

作成年月日　令和 3 年　9 月　7 日

初回・紹介　**継続**　　**認定済**　申請中

利用者名　夢前 岩男　様　　生年月日 昭和10 年　1 月　24 日生　　住所　兵庫県ほほえみ市おおわらい町あさひ2525

居宅サービス計画作成者氏名　兵庫 太郎

居宅介護支援事業者・事業所名及び所在地　ひょうのすけ居宅介護支援事業所

居宅サービス計画作成（変更）日　令和 3 年　9 月　7 日　　初回居宅サービス計画作成日　平成29 年　6 月　27 日

認定日　令和 2 年　9 月　12 日　　認定の有効期間　令和 2 年　10 月　1 日　～　令和 4 年　9 月　30 日

| | |
|---|---|
| 要介護状態区分 | 要介護1 ・ (要介護2) ・ 要介護3 ・ 要介護4 ・ 要介護5 |
| 利用者及び家族の生活に対する意向 | 本人：この家は、自分が建てたので、最期までここで暮らして死ぬのが本望。猫の「花子」の世話を続けたい。<br>長男・長女：遠方なので、すぐ駆けつけることはできない。父親が希望しているように、自宅での生活を長く続けてほしい。 |
| 介護認定審査会の意見及びサービスの種類の指定 | 特になし |
| 総合的な援助の方針 | 主治医や各事業所と連携しながら、健康状態が維持できるよう、支援していきます。<br>住み慣れた家で暮らし続けたいという岩男さんの思いを尊重しながら、今後、地域での関係づくりを構築できるよう、検討していきます。<br>・緊急連絡先：市島 春子様（長女） 090-××××-××××　夢前 秋男様（長男）080-××××-××××<br>・主治医：日の出医院 春日先生 071-×××-××××　【避難所（地震・洪水・土砂災害）】朝日小学校<br>【防災・避難】日頃から防災を意識し、備えを行っていきます。発災時に必要な支援が得られるよう、地域との関係づくりを支援します。 |
| 生活援助中心型の算定理由 | (1.) 一人暮らし　2. 家族等が障害、疾病等　3. その他（　　） |

居宅サービス計画について説明を受けました。この計画の実施に同意します　令和 3 年 9 月 15 日　署名　夢前 岩男　印

# 居宅サービス計画書（2）

作成年月日　令和 3 年　9 月　7 日

利用者名　夢前 岩男　様

| 生活全般の解決すべき課題（ニーズ） | 目標 | | | | 援助内容 | | | | | |
|---|---|---|---|---|---|---|---|---|---|---|
| | 長期目標 | （期間） | 短期目標 | （期間） | サービス内容 | ※1 | サービス種別 | ※2 | 頻度 | 期間 |
| 最期までこの家で暮らしたい | 糖尿病が悪化しない | 1年 | 本人が、自覚症状を発信できる | 半年 | VSチェック・内服管理・全身状態の観察・口腔ケア・入浴介助 | ○ | 訪問看護 | すこやか訪問看護ステーション | 週2回 | 半年 |
| | 異常の早期発見 | 1年 | 定期的な受診ができる | 半年 | 受診<br>内服処方<br>全身管理 | | 通院 | 日の出医院 | 4週/1回 | 半年 |
| | 近隣との付き合いが良好になる | 1年 | 地域行事に参加する | 半年 | ふれあい喫茶に参加する（民生委員へ声かけする。） | | インフォーマル | 関わる事業所及び地域住民 | 随時 | 半年 |
| 歩行が不安定なので買物をしてほしい | 安全に買物をしてもらえる | 1年 | 買物を頼むことで支障なく生活できる | 半年 | 買物・<br>時間があれば掃除 | ○ | 訪問介護 | 丘の上ヘルパーステーション | 週3回 | 半年 |
| 安全にひとりで移動したい | 転倒しない | 1年 | 安全に室内を移動できる | 半年 | 四点杖のレンタル<br>ベッドの置き型手すりレンタル | ○ | 福祉用具貸与 | 未来福祉用具 | 随時 | 半年 |
| 【防災】<br>災害時に備え、非常持ち出し袋を準備したい | 常に必要な物が準備できている | 1年 | 定期的に確認ができる | 半年 | ・月1回は持ち出し袋の中身を確認、補充するする。 | | インフォーマル<br>ケアマネジャー | 本人、家族<br>ひょうのすけ居宅 | 月1回 | 半年 |
| 災害時に備え、備蓄をしたい | 常に新しいものが備蓄できている | 1年 | 定期的に入替ができる | 半年 | ・飲料水と食料品を購入し、ローリングストックする | ○ | 訪問介護 | 丘の上ヘルパーステーション | 適宜 | 半年 |
| | | | | | ・浴室掃除後、湯船に水を溜める | ○ | 訪問介護 | 丘の上ヘルパーステーション | 週2回 | 半年 |
| 【災害時】<br>・災害情報を知る<br>・避難所に逃げる<br>・花子（猫）と一緒に避難する | ＞ 早めに情報を得る<br>＞ 安全に早期に避難する<br>＞ 他人に配慮しながら安全に避難する | | ＞ 状況を知る<br>＞ 移動の協力を得る<br>＞ 花子が落ち着いて移動できるようにする | | ＞声をかける・伝える<br>＞車いす等で移動<br>＞ ケージに入れて一緒に逃げる | | 近隣・家族<br>近隣<br>本人・花子 | ＊寝室の窓から声かけ<br>＊持ち出し袋は玄関<br>＊花子の持ち出し袋も用意しておく | | |

※1「保険給付の対象となるかどうかの区分」について、保険給付対象内サービスについては○印を付す。
※2「当該サービス提供を行う事業所」について記入する。

# 週間サービス計画表

作成年月日　令和　3　年　9　月　7　日

利用者名　夢前 岩男　様

| | | 月 | 火 | 水 | 木 | 金 | 土 | 日 | 主な日常生活上の活動 |
|---|---|---|---|---|---|---|---|---|---|
| 深夜 | 4:00 | | | | | | | | |
| 早朝 | 6:00 | 起床 | 起床 | 起床 | 起床 | 起床 | 起床 | 起床 | 朝食 |
| 午前 | 8:00 | | | | | | | | |
| 午前 | 10:00 | 訪問介護 | | 訪問介護 | | | 訪問介護 | | |
| 午後 | 12:00 | | | | | | | | 昼食 |
| 午後 | 14:00 | | 訪問看護 | | | 訪問看護 | | | 【防災】<br>持ち出し袋は玄関横の棚に用意し、毎月1回、中身を確認します。 |
| 午後 | 16:00 | | | | | | | | |
| 夜間 | 18:00 | ゴミ出し | | | ゴミ出し | | | 夕食 | 発災時、「警戒レベル3 高齢等避難」で、避難します。 |
| 夜間 | 20:00 | | | | | | | | 避難場所は朝日小学校で、水害時は川沿いを通らず、 |
| 深夜 | 22:00 | 就寝 | 就寝 | 就寝 | 就寝 | 就寝 | 就寝 | 就寝 | 住宅街の中の通学路を通ります。 |
| 深夜 | 0:00 | | | | | | | | 声かけは寝室の窓を開けて行います。 |
| 深夜 | 2:00 | | | | | | | | 猫の花子はケージに入れて一緒に避難します。 |
| 深夜 | 4:00 | | | | | | | | |

| | |
|---|---|
| 週単位以外のサービス | 四点杖、置き型手すりレンタル（ベッド） |
| | 月1回　内科受診（日の出医院） |

# サービス等利用計画案・障害児支援利用計画案（例）

| | | | | | |
|---|---|---|---|---|---|
| 利用者氏名（児童氏名） | 夢前　岩男 | 障害程度区分 | ＊＊＊＊＊＊＊＊ | 相談支援事業者名 | ＊＊＊＊＊＊＊＊ |
| 障害福祉サービス受給者証番号 | ＊＊＊＊＊＊＊＊ | | ＊＊＊＊＊＊＊＊ | 計画作成担当者 | ＊＊＊＊＊＊＊＊ |
| 地域相談支援受給者証番号 | ＊＊＊＊＊＊＊＊ | 通所受給者証番号 | ＊＊＊＊＊＊＊＊ | | |

| | | | | | |
|---|---|---|---|---|---|
| 計画案作成日 | ＊＊＊＊＊＊＊＊ | モニタリング期間（開始年月） | ＊＊＊＊＊＊＊＊ | 利用者同意署名欄 | ＊＊＊＊＊＊＊＊ |

| | |
|---|---|
| 利用者及びその家族の生活に対する意向（希望する生活） | 本人：自分で建てたこの家で、最期まで過ごし、ここで死ぬのが本望。猫の花子の世話を続けたい。<br>長女・長男：時々電話で様子は聞いているが、県外でもあり、すぐに駆け付けることはできない。父親が希望しているように、サービスを使って、自宅で安心して生活を送ってほしい。 |
| 総合的な援助の方針 | ＊＊＊＊＊＊＊＊ |
| 長期目標 | ＊＊＊＊＊＊＊＊ |
| 短期目標 | ＊＊＊＊＊＊＊＊ |

| 優先順位 | 解決すべき課題（本人のニーズ） | 支援目標 | 達成時期 | 福祉サービス等 種類・内容・量（頻度・時間） | 課題解決のための本人の役割 | 評価時期 | その他留意事項 |
|---|---|---|---|---|---|---|---|
| 1 | ＊＊＊＊＊＊＊＊ | ＊＊＊＊＊＊＊＊ | 5か月後 | ＊＊＊＊＊＊＊＊ | ＊＊＊＊＊＊＊＊ | 6か月後 | ＊＊＊＊＊＊＊＊ |
| 2 | ＊＊＊＊＊＊＊＊ | ＊＊＊＊＊＊＊＊ | 6か月後 | ＊＊＊＊＊＊＊＊ | ＊＊＊＊＊＊＊＊ | 6か月後 | ＊＊＊＊＊＊＊＊ |
| 3 | ＊＊＊＊＊＊＊＊ | ＊＊＊＊＊＊＊＊ | 12か月後 | ＊＊＊＊＊＊＊＊ | ＊＊＊＊＊＊＊＊ | 6か月後 | ＊＊＊＊＊＊＊＊ |
| 5 | | | | | | | |
| 緊急 | 【災害時】<br>耳が聞こえにくいため、避難情報がわかりにくい。長距離は歩けない。物忘れがある。猫の花子がいる。 | 自分でできる備えを行う。近隣住民の理解と協力を得て、避難時の声掛けや車椅子移動を支援できるようにし、避難訓練を行う。 | | 【インフォーマルサービス活用】<br>自分で；避難持ち出し袋準備<br>地域で：災害時の避難の声掛け、避難の支援について共有し、訓練を実施<br>※猫の花子について、緊急時の確認をする | 地域の人に状況を理解してもらう。自分でできる避難準備や家具固定などを行う。地域の人と良い関係を維持する。猫の花子の避難グッズもそろえ、ケージに入れる練習をする。 | | ADLの変化に応じて、避難支援方法を見直す。<br>猫の花子について、避難所などの条件や対応を地域で確認することが必要。 |

災害時の項目

# 災害時要配慮者情報計画案【週間計画表】※災害時緊急時情報記載版

| | | | | | |
|---|---|---|---|---|---|
| 利用者氏名（児童氏名） | 夢前　岩男 | 障害程度区分 | ＊＊＊ | 相談支援事業者名 | ＊＊＊＊＊＊＊＊ |
| 障害福祉サービス受給者証番号 | １２３４＊＊＊ | | | 計画作成担当者 | ＊＊＊＊＊＊＊＊ |
| 地域相談支援受給者証番号 | ５６７８＊＊＊ | 通所受給者証番号 | ９９９９＊＊＊＊ | | |

| | |
|---|---|
| 計画開始年月 | 2020年5月1日 |

| | 月 | 火 | 水 | 木 | 金 | 土 | 日・祝 |
|---|---|---|---|---|---|---|---|
| 6:00 | | | | | | | |
| 8:00 | | | | | | | |
| 10:00 | | | | | | | |
| 12:00 | | | | | | | |
| 14:00 | | | | | | | |
| 16:00 | | | | | | | |
| 18:00 | | | | | | | |
| 20:00 | | | | | | | |
| 22:00 | | | | | | | |
| 0:00 | | | | | | | |
| 2:00 | | | | | | | |
| 4:00 | | | | | | | |

平時の週間プランを記載

災害時のプラン

**主な生活上の留意点**

足指切断と脳梗塞のあとから、歩きにくくなっています。左上肢に不全麻痺もあります。歩行時は室内は杖歩行または、壁や家具を持ち、外では杖を利用しましょう。

お薬の飲み忘れに注意しましょう。お薬カレンダーと今日の日にちを、ご飯の時に確認しましょう。

なるべくバランスのよい食事を心がけましょう。

**緊急時**

台風が近づいたり、大雨が続くようであれば、近所の人や家族が避難情報を伝えるので、持ち出し袋の準備を行います。レベル３になれば「朝日小学校」へ避難します。

避難時は、支援者と近所の人と一緒に避難します。車椅子は公民館にあるのを持ってきてもらうように準備しています。緊急の時には、近所の人に寝室の窓を開けて声をかけてもらいます。

「朝日小学校」は、地震、水害、台風などすべての時に対応できる避難所です。避難時は川沿いを避け、通学路を通ります。

災害等の状況により、避難しない場合は、備蓄食品・水・薬を使用して生活します。

緊急連絡先は、第1優先が長女、第2は長男です。避難や状況が落ち着いたら、居場所を知らせましょう。

| | | | |
|---|---|---|---|
| 予想される困り事とその対応等 | ■長距離の歩行が難しい　⇒避難する際には、車椅子を利用します<br>■たくさん荷物を運べない　⇒必要最低限の物資を入れた防災リュックを用意します。<br>■ひとりでは避難情報を得ることが難しい<br>⇒家族や近隣の人に避難を知らせてもらえるように伝えます。<br>■本当に逃げられるかどうかわからない<br>⇒防災訓練に参加して、避難の際の注意点をみんなで共有します<br>■猫の花子もつれていく　⇒対応の確認、必要物品の確認を行います。 | 持ち出し品等そなえ | 玄関の横にリュックを置きます。リュックの中には、懐中電灯、携帯ラジオ、着替え、タオル、洗面用具類、小銭、感染対策グッズ等が入っています。薬5日分、財布、保険証、連絡先メモなどは、普段から用意しておき、避難時にすぐに持ち出せるようにします。履きやすい靴や帽子、軍手は枕元に置いています。避難のときには、持って逃げましょう。猫の花子の荷物（エサの缶詰、携帯用トイレ等）も玄関に置いています。ケージ、ひもなどを用意しておきます。 |

| | |
|---|---|
| 避難誘導時の留意事項 | 非常持ち出し袋は玄関に置いてある。<br>長距離歩行は困難であり、車いす等での避難が必要。（体重約60キロ）<br>車いすは公民館で借りる。猫（ケージに入れる）と猫の荷物もある。<br>難聴のため、ゆっくり大きな声で声をかける。 |
| 避難時携行医薬品等 | 糖尿病薬（低血糖時のブドウ糖も）、降圧剤、血液さらさらの薬、整腸剤 |
| 避難先での留意事項 | 難聴があり、放送などは聞こえない可能性が高い。<br>歩行が不安定で、杖歩行。立ち座りや歩行には支えが必要。ベッドの方がよい。食べ物の好き嫌いが多いが、糖尿病薬を服用しており、低血糖の恐れもある。猫の花子と一緒に避難生活を送ることを希望している。 |
| 避難場所<br>避難経路 | 【自宅 → 緊急避難場所（朝日小学校）】（車いす）<br><br>住宅街を抜ける通学路を通って避難する。<br>（急勾配の坂あり）<br>道が狭いので注意。<br><br>※川沿いの道は氾濫の恐れがあるため通らない。 |
| 備考 | 風水害等で早期避難が可能な場合は、<br>自宅から直接「デイえがお」に避難する。 |

| | | | | | | | | |
|---|---|---|---|---|---|---|---|---|
| 避難支援等実施者 | ① | ふりがな<br>氏名 | 川野《かわの》 近生《ちかお》 | | 続柄等 | 隣人 | 住所 | ほほえみ市おおわらい町<br>あさひ2524 |
| | | 電話 | xxx-xxxx | FAX | | | E-mail | |
| | ② | ふりがな<br>氏名 | 向井《むかい》 優希《ゆうき》 | | 続柄等 | 近所 | 住所 | ほほえみ市おおわらい町<br>あさひ1003 |
| | | 電話 | xxx-xxxx | FAX | | | E-mail | |
| | ③ | ふりがな<br>氏名 | | | 続柄等 | | 住所 | |
| | | 電話 | | FAX | | | E-mail | |

令和 3 年 9 月 15 日

上記の内容について、誤り等がないことを確認しました。

氏　　名　　　　夢前　岩男

代理署名

（本人との関係）

# 避難行動要支援者のための個別避難計画

| | | | | | | | |
|---|---|---|---|---|---|---|---|
| 基礎情報 | ふりがな《ふりがな》<br>氏名 | 夢前《ゆめさき》　岩男《いわお》 | | 年齢 | 86歳 | 性別 | 男 |
| | 住所 | 兵庫県ほほえみ市おおわらい町あさひ2525 | | | | | |
| | 電話 | ○○○-○○○-○○○○ | | FAX | なし | | |
| | E-mail | なし | | | | | |
| | 家族構成・同居情報等 | 妻死亡後、一人暮らし<br>ペットの猫<br>(花子:雑種12歳)を<br>飼っている<br><br>長男、長女は県外在住<br>電話は時々かけている。<br>日常の支援やすぐに駆け<br>付けることは難しい。 | 居住建物 | 建築時期 | 昭和45年 | 構造 | 木造2階建 |
| | | | | 耐震診断 | 未実施 | 家具固定 | 一部実施 |
| | | | | 見取図 | ※寝室の位置、普段いる部屋等<br>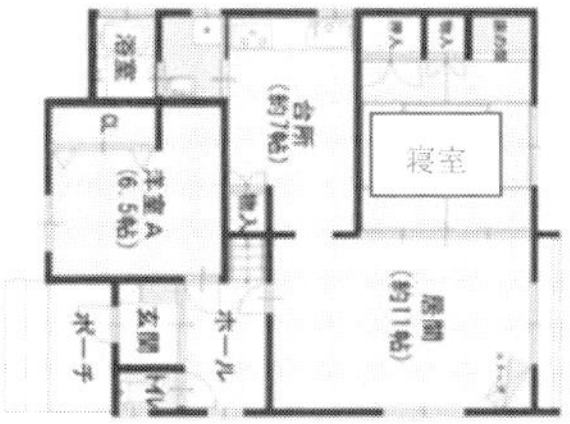 | | |



| | | | | | |
|---|---|---|---|---|---|
| 要支援情報 | 介護認定 | 要介護② | | | (認知症) 有・無 (有に囲み) |
| | 障害者手帳 | | | | |
| | その他留意事項 | | | | |
| 利用中の医療福祉サービス(学校園等を含む) | 介護保険/総合事業 | サービス | 居宅介護支援(他、訪問介護、訪問看護、福祉用具) | | |
| | | 事業所名 | ひょうのすけ居宅介護支援事業所 | 電話 | xxx-xxxx |
| | 障害福祉/児童福祉 | サービス | | | |
| | | 事業所名 | | 電話 | |
| | 医療機関 | 名称 | 日の出医院 | 電話 | xxx-xxxx<br>xxx-xxxx |

| | | | | | | | |
|---|---|---|---|---|---|---|---|
| 家族等緊急連絡先 | ① | ふりがな《ふりがな》<br>氏名 | 市島《いちしま》　春子《はるこ》 | 続柄等 | 長女 | 住所 | 大阪府吹田市 |
| | | 電話 | 090-xxxx-xxxx | FAX | | E-mail | |
| | ② | ふりがな《ふりがな》<br>氏名 | 夢前《ゆめさき》　秋男《あきお》 | 続柄等 | 長男 | 住所 | 京都府亀岡市 |
| | | 電話 | 080-xxxx-xxxx | FAX | | E-mail | |
| 緊急時の情報伝達 | 難聴。呼び鈴や電話が聞こえなければ、寝室の窓から声かけをする。<br>ゆっくり大きな声で話しかける。<br>もの忘れがあるので、繰り返し伝える必要がある。<br>支援者が長女に連絡し、長女からも本人へ連絡を入れてもらう。 | | | | | | |
| 特記事項 | 右足小指を切断しており、歩行が不安定。杖歩行だが長距離は歩けない。<br>(10分が限度)　左上肢(左腕)に麻痺があり、動かしにくい。 | | | | | | |

# 監修者あとがき

誰一人取り残さない防災を主テーマとする〈i-BOSAIブックレット〉の第四号である本書は、二〇二一年五月の災害対策基本法の改正を踏まえた個別避難計画の作成について国が全国の市区町村に求めていること、その中で「真に支援が必要な方」については、福祉専門職に業務として関与することが王道であると示した「新しい」避難行動要支援者支援制度の概要という第1章と、一人のケアマネージャーが災害時ケアプラン（個別避難計画）作成の第一歩から避難訓練の参加までを取り上げた第三号の物語編の解説の第2・3章から構成されています。

第1章の制度の概要編を読まれた方は、これまでの〈i-BOSAIブックレット〉で取り上げたポイントが、国が示す計画作成のプロセスと相似形となっていることにお気づきになると思います。これは偶然ではなく、むしろ二〇一六年度から別府市で、そして二〇二〇年度から兵庫県で一般施策化（モデル事業化は二〇一八年度から）された「誰一人取り残さない」防災の取り組みを、国のガイドラインがむしろ参考にしているからなのです。

第2・3章の災害時ケアプラン作成物語編解説では、夢前岩男（ゆめさき・いわお）さんについて、福祉専門職が当事者力アセスメントと地域力アセスメントを適用していくと、具体的にどのような点がポイントになるのかをステップ・バイ・ステップの演習と解説で自習できる形式になっています。

〈i-BOSAIブックレット〉は、二〇一六年四月から大分県別府市で障がい当事者や支援者の市民団体

（福祉フォーラムin別杵・速見実行委員会）や別府市危機管理課の村野淳子さんたちと始めた「誰一人取り残さない」防災事業から生まれた鍵となる考え方をもとに、兵庫県での横展開を目指して二〇一九年度に監修者たちが行った福祉専門職研修の基本カリキュラムを踏まえ、二〇二〇年度以降、研修を全面的に引き継いでいただいた兵庫県社会福祉士会が作成した研修テキストをもとにしています。これまでに監修者や兵庫県社会福祉士会が実施した福祉専門職研修の受講者は、兵庫県内の福祉専門職だけでもすでに二〇〇〇名近くとなり、本ブックレットで解説する取り組みは兵庫県全四一市町で「防災と福祉の連携による個別避難計画作成促進事業」として一般施策化されました。このような動きが一つの大きな参考となり二〇二一年五月に国は災害対策基本法を改正し、「真に支援が必要な方」に対しては本ブックレットが提唱する手順で個別避難計画を作成することを全国の市区町村に努力義務化しました。

〈i－BOSAIブックレット〉第四号に当たる本書では、当事者力アセスメントの道具として紹介したエコマップを、当事者とは直接つながっていない周囲の関係者間の関係性を理解するための道具として、その拡張が提案されています。福祉の世界では、当事者を中心とした周囲の社会資源との関係性のことを「社会関係の主体的側面」と言いますが、第四号の地域力アセスメントでは、当事者と関与する関係者、つまり「社会関係の客体的側面」にいる人たちの関係性のアセスメントにもエコマップが活用できることを提案しています。この点は、著者である西野佳名子氏ならびに兵庫県社会福祉士会の防災と福祉の連携による個別避難計画作成の促進に関わっておられる社会福祉士の皆さまのオリジナルな発想であることをここに記させていただきます。

本書に続く〈i－BOSAIブックレット〉の第五号では、「社会関係の客体的側面」として取り上げられている社会福祉事業者、民生委員、自治会・町内会、防災部局や福祉部局の関係者が、実際にはそれぞれに対応する行政組織とタテ割りの関係になっており、行政組織内外の関係機関・組織を横断したスクラム体制の構築が「誰一人取り残さない」防災を推進する上での必須の条件であることに着目し、これらの関係者が切れ目なく連結するために行政側が担うべき役割―インクルージョン・マネジメント―について解説を行う予定です。

なお本ブックレット公開には、科学技術振興機構（ＪＳＴ）社会技術研究開発センター（ＲＩＳＴＥＸ）ＳＤＧｓの達成に向けた共創的研究開発プログラム（ソリューション創出フェーズ）「福祉専門職と共に進める「誰一人取り残さない防災」の全国展開のための基盤技術の開発」（JPMJRX19I8）（二〇一九年一一月一五日〜二〇二三年三月三一日、研究代表　立木茂雄）の経費を活用しています。ここに記し、感謝申し上げます。

最後になりましたが、本ブックレット第四号の出版を快くお引き受けいただいた萌書房の白石徳浩社長、編集作業を短期間で大変丁寧に進めていただいた矢部景子さんに心より感謝申し上げます。

二〇二二年七月一九日

立木茂雄

i-BOSAIブックレット№4

# 誰一人取り残さない防災のために、福祉関係者が取り組むべきこと【解説編】

2022年9月5日　初版第1刷発行

監　修　立木茂雄
著　者　西野佳名子

発行者　白石徳浩
発行所　有限会社　萌書房
〒630-1242　奈良市大柳生町3619-1
TEL　0742-93-2234
FAX　0742-93-2235
[e-mail] kizasu-s@m3.kcn.ne.jp

装　幀　はやしとしのり
印　刷　共同印刷工業株式会社
製　本　新生製本株式会社

ISBN978-4-86065-155-8

## 「i－BOSAIブックレット」発刊に際して

多くの災害が起こるたびに、年齢がより高い人や障がいのある人たちに被害が集中してきました。また、女性や生活困窮者、その他のマイノリティの人たち、あるいはニューカマー・一時滞在中の外国籍の人たちが被災すると、社会の根底にある社会的障壁により支援の手が届きにくい事例にも枚挙に暇がありません。このような状況をなんとか解決したい。

そのために、防災をどのように考えるのか、あるいは私たちはそれぞれの立場からどのような関わりをしていくべきなのか、それらの問題をこのブックレットの中で考えていきたいと思います。「i－BOSAI」の「i」は inclusive（包摂的＝誰一人取り残さない）の「アイ」、私（I）から始めるの「アイ」、「愛のある防災」の「アイ」です。

目標は、誰一人取り残さない防災の実現です。当事者が誰一人取り残されない。地域社会は誰一人取り残さない。そして自治体・行政は誰一人取り残させない。これら三つの力を重ね合わせることによって、高齢の人や障がいのある人たち、そして支援の手が届きにくいすべての人たちの被害を最小限に留め、ひいては命を守りたいのです。

本ブックレットが、「誰一人取り残さない防災」実現への一歩となることを願って已みません。

（二〇二〇年八月）